숫자로 끝내는

역사
100

숫자로 끝내는
역사 100

ⓒ Quid Publishing Ltd., 2015

초판 1쇄 인쇄일 2017년 3월 10일
초판 1쇄 발행일 2017년 3월 17일

지은이 조엘 레비 **옮긴이** 강현정
펴낸이 김지영 **펴낸곳** 지브레인Gbrain
편집 김현주
제작 · 관리 김동영 **마케팅** 조명구

출판등록 2001년 7월 3일 제2005-000022호
주소 04047 서울시 마포구 어울마당로 5길 25-10 유카리스티아빌딩 3층
　　　　　　　　　　　(구. 서교동 400-16 3층)
전화 (02)2648-7224 **팩스** (02)2654-7696

ISBN 978-89-5979-461-4(04900)
　　　　978-89-5979-462-1(04000) SET

- 책값은 뒤표지에 있습니다.
- 잘못된 책은 교환해 드립니다.

숫자로 끝내는

역사

조엘 레비 지음　강현정 옮김

지브레인

CONTENTS

CONTENTS

머리말

　이 책에서도 그렇지만 서기 역사만 본다고 해도 지난 2,000년의 역사 전체를 포괄적인 범위에서 다룬다는 것은 불가능에 가깝다. 그래서 이 책에서는 그렇게 하지 않는다. 대신 백년전쟁에서 9.11까지 역사상 가장 유명한 몇몇 숫자들을 다루는 데 중점을 두었다. 또 생생하면서도 유력한 관점에서 숫자를 입증하기 위해 노력했다.

　숫자는 일반적이면서도 구체적이다. 숫자는 모호한 명제에 정밀함을 더함으로써 역사의 불분명한 윤곽을 선명하게 그려낼 수 있다. 양적 역사에 대한 잦은 비난은 역사에서 인간적 요소를 포착하는 데 실패했다는 뜻이며 일개 숫자가 개인의 경험을 반영할 수는 없다는 뜻이다. 하지만 바로 이런 점 때문에 역사에 숫자로 접근하는 방식은 '일반인'들의 더 많은 역사적 경험을 구할 수 있다. 개개인이 갖고 있는 기존의 역사적 관점에 균형을 잡기 위해 꼭 필요하기 때문에 숫자는 특히 그룹 스터디에서 중요하다. 양적 역사는 광범위한 동향과 움직임에 접근하게 만들고 기록되지 않은 일반인들의 관심사와 추구하는 바를 표현하면서 '위인들'의 역사적 해석에서 멀어지게 만들 수 있다.

　숫자에 대한 일종의 역사적 '순도'를 주장하려는 것이 아니다. 겉으로 보이는 의견과 해석으로 이루어진, 믿을 수 없을 만큼 주관적인 분야에서 서사는 종종 의제와 추정에 대한 의혹이 존재하며, 숫자는 객관적 타당성을 제공하는 것처럼 보일지도 모른다. 정말로 숫자는 '엄연한 사실'이며 거짓말을 하지 않을까?? 이것은 희망사항일 뿐이다. 누가 그것을 확인했는가? 그들이 확인하기 위해 선택한 것은 무엇이며 그 이유는 무엇일까? 역사는 사회과학이지만 종종 과학적

지식과 투쟁을 벌인다.

〈The problem for the historian〉의 저자 코넬 퓨레이^{Conal Furay}와 마이클 살레보리스^{Michael J. Salevouris}는 〈The Methods and Skills of History〉에서 "다른 증거 유형처럼 숫자는 자신들을 대변하지 않는다"라고 주장했다.

이 의견에 전적으로 동의하지는 않는다.

어떤 숫자는 몇 개의 아라비아 숫자로 전체 이야기를 들려주는 것처럼 느껴지기도 한다. 예를 들어, 당신은 1619년에서 1865년 사이에 아프리카계 아메리칸 노예가 222,505,049시간 동안 강제노동을 당했다는 사실을 알고 있는지? 또는 게티즈버그 연설이 고작 2분이었다는 사실은? 베를린 장벽을 넘으려던 이들 중 191명이 사살당했다거나 둠즈데이 북을 만들기 위해 양 1,000마리의 가죽을 벗겼다는 사실은? 1840년대 불쌍한 아일랜드 농부들이 하루에 7kg의 감자를 먹었다거나 세계 인구의 1/4이 엘리자베스 2세의 대관식을 위해서 휴가를 냈다는 사실은? 1637년 네덜란드에서 튤립 구근 한 포기의 값이면 돼지 8마리, 황소 4마리, 양 12마리, 호밀 48톤, 와인 두 통, 맥주 4배럴, 버터 2톤, 치즈, 은으로 만든 술잔, 심지어 배도 한 척 살 수 있었다는 사실은? 책에 실려 있는 이 숫자들과 다른 많은 숫자를 통해 독자들은 재미와 정보를 얻을 수 있을 것이다. 기대해도 좋다.

0

크메르 루즈가 새로운 시대의 개막을 선언한 해

1975년 동남아시아의 캄보디아에서는 크메르 루즈라는 극단적인 공산주의 혁명운동가들이 정권을 장악했다. 폴 포트의 지휘 아래 크메르 루즈는 국호를 민주 캄푸치아 정권이라고 바꾸고 그 해를 새로운 0년이라고 선언했다. 그들은 이상적인 농업국가 건설을 위해 사회와 문화를 0년에 맞춰 재설정하고 이에 대해 폴 포트는 다음과 같이 말했다.

"우리는 과거의 모든 흔적을 지워버리고자 한다…, 우리에게는 돈도 없고 상거래도 없다…, 학교도 없고 학부도 없고 대학도 없다…, 우리의 혁명은 시골생활에 초점을 맞추고 있다."

크메르 루즈의 참상을 널리 알렸던 저널리스트 존 필거John Pilger는 다음과 같이 말했다. "0년은 가족도 없고 감정도 없고 사랑이나 슬픔의 표현도 없고 약도 없고 병원도 없고 학교도 없고 책도 없고 배움도 없고 휴식도 없고 음악도 없는 참담한 시대의 서막이었다. 그곳에 있는 것이라고는 오직 노동과 죽음뿐이었다."

이 판타지가 이루어지기 위해서는 나치와 스탈린 이후 가장 끔찍한 대량학살이 필요했다. "들판의 풀을 다 태워버리면 새 풀이 자랄 것이다." 이것이 크메르 루즈의 주장이었다. 수많은 사람들이 광신도적인 젊은 간부단에게 살해당했다. 크메르 루즈의 인간에 대한 존중심 부재는 다음과 같은 강령으로 요약할 수 있다.

'살려둬봐야 득이 없지만 죽이면 손해는 보지 않는다.'

수많은 사람들이 질병, 기아, 탈진으로 사망했다. 학살 이전에 700만 명이 넘었던 캄보디아 인구는 불과 3년여 만에 약 170만 명 이상의 생명이 목숨을 잃었다.

▲ 크메르 루즈의 지휘자 폴 포트 (또는 살로스 사르). 1925년에 태어난 그는 파리에서 공부를 마치고 돌아와 캄보디아의 공산주의 내란 사태를 이끌며 끔찍한 디스토피아를 주도했다.

2/3

중국 만리장성의 잔존율

흔히 알려진 믿음과 달리 우주에서는 육안으로 중국의 만리장성이 보이지 않는다. 하지만 인간이 건설한 가장 긴 건축물인 것만은 분명하다. 2,000여 년에 걸쳐 건축된 이 장벽은 사실 하나가 아니라 여러 개의 벽들이 이어진 복합구조물이다. 통일 전 중국 대륙은 여러 나라로 분할되어 있었는데, 북쪽 지방에서는 각각 독립적으로 벽을 세웠다. 만리장성의 역사에 관한 전통적인 설명에 의하면, 제각각이었던 이 벽들을 하나로 합친 것은 기원전 221년 중국을 최초로 통일한 진나라의 시황제라고 한다. 한나라(기원전 206~220년) 때 벽의 총길이가 만 리(중국의 측정 단위로 1리는 4km에 해당하며 벽의 길이는 약 5,000km)나 되는 벽이라는 뜻에서 만리장성이라는 이름이 붙여졌다.

◀ 만리장성 중에 가장 잘 보존되고 경치가 좋은 곳은 근대 명나라 때 복구한 구조물이다.

천국의 문

중국 역사 내내 만들어진 벽의 길이는 총 2만 1,196km에 달하는데, 오늘날 알려진 만리장성은 대체로 명나라(1368~1644) 때 작품으로 이 때 8,800km 길이의 장성이 건축되었다고 한다. 하지만 장벽을 덮고 있는 길은 그에 훨씬 못 미치는 약 6,300km 길이로, 서쪽으로는 간쑤성의 자위관에서 동쪽 끝으로는 '천하제일관'이라는 기념물이 있는 허베이성의 산하이관에 이른다. 명나라 때 건축된 장벽은 높이 8m, 아래쪽 토대의 평균 너비는 4.7~9.1m이고 위쪽 경사면의 평균 너비는 3.7m이다. 장벽은 2만 5,000개의 탑과 1만 5,000개의 전초기지로 요새화되어 있지만 서쪽의 긴 구역에는 높은 언덕과 배수로만 존재한다.

장벽을 지은 목적은 북부 스텝 지대에 거주하는 기마유목민족의 습격을 막기 위해서였던 것으로 추측된다. 하지만 청나라(1644~1922) 때 건축을 포기하고 방치한 탓에 황폐해졌다. 그래서 장벽의 효과가 입증된 적은 없을 것이다. 장성은 20세기 후반에 와서야 관광객들을 매혹시키면서 중국을 대표하는 상징이 되어 남은 잔재를 재건축해 보존하고 있다

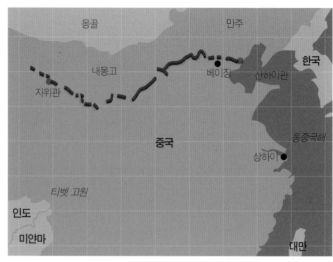

▲ 현재 만리장성은 명나라 때 건축했던 2/3 구간 정도가 남았다.

믿을 수 없는 이야기

만리장성에 관련된 일화 중에는 중국 최초의 황제이자 독재군주 진시황이 이 작업에 중국 인구의 상당수를 강압적으로 투입했고, 거대한 장벽이 건설되는 참혹하고 위험한 상황에서 만여 명의 노역자들이 벽에 매립되었다는 이야기가 있다. 그런데 역사학자 아서 왈드론에 의하면, 이것은 전설일 뿐이라고 한다. 그는 명나라 이전의 벽이 거의 미미했고 만리장성의 대부분이 명나라 때 만들어졌다는 것을 증거로 내세웠다.

12

1

여자 교황

여자 교황 요안나에 관한 전설은 서기 853년 교황에 선출된 남장여자가 로마 거리를 행진하다가 출산이라는 치명적인 상황이 벌어지면서 결국 들키고 말았다는 내용이다.

이 이야기의 다양한 버전에 따르면, 영국 또는 독일 출신인 한 젊은 여인이 연인을 따라 아테네로 갔다가 교육을 받고 훌륭한 학자이자 신학자가 되었다. 요하네스 앙리쿠스 또는 마인츠의 존이라는 가명을 썼던 이 여인은 로마에서 강의를 시작했는데, 가르침과 청렴함으로 명성을 얻으면서 추기경으로 뽑혔고 교황 레오 4세의 서거 이후 교황의 자리에 오르게 되었다고 한다. 비밀은 2년 동안 잘 감춰졌지만 855년 진실을 아는 한 남자의 아이를 갖게 되고 조산이라는 불행과 마주치면서 마침내 가면이 벗겨진다.

선량한 로마 시민들은 갓 출산한 요안나의 발목을 말에 묶어 로마 거리를 끌고 다니면서 돌팔매질을 했다. 자신들만의 방식으로 산후조리를 해준 것이다. 복장도착 신권정치가에게 충격을 받은 당국은 그 후로 교황의 취임식에 성별검사를 추가했고, 요안나가 아기를 낳은 거리는 교황행진에서 제외시켰다고 한다.

하지만 이 재미있는 이야기는 픽션으로 보는 것이 정설이다. 실제로 교황 레오 4세는 855년에 사망했으며, 그 뒤를 이어 베네딕트 3세가 공백 없이 교황의 자리에 올랐다. 교황 요안나에 대한 동시대의 기록은 존재하지 않으며 그 길이 교황행진에서 금지된 이유는 골목이 너무 좁아서이고, 새 교황이 성별검사를 받는 일도 결단코 없다.

▼ 9세기의 사기꾼 여성 교황 요안나에 대한 전설은 행렬이 한창인 와중에 아이를 출산했다는 극적방식으로 폭로된다.

1

인류의 위대한 도약

미국 동부 하절기 시간으로 1969년 7월 20일 밤 10시 56분, 닐 암스트롱이 달 표면에 왼쪽 발을 내디디며 한 말이 전 세계에 방송되었다. "이것은 한 인간에게는 작은 한 걸음이지만 인류에게는 위대한 도약이다" 그런데 그의 오하이오 주 억양 덕분에 지구 반대편에서 듣던 수백만 청취자들은 그가 'a'를 빼먹었다고 생각했다.

우주경쟁

암스트롱이 내디딘 이 역사적 발걸음은 과학과 테크놀로지와 공학의 가장 큰 위업인 '아폴로 계획'의 최절정의 순간이었다. 아폴로 계획은 냉전시대의 라이벌 관계였던 미국과 소련이 우주의 지배를 다투며 우주 경쟁 초기에 구상했던 야심찬 3단계 계획이다.

1957년 소련이 대륙간 탄도미사일을 개조한 최초의 인공위성 스푸트니크를 성공적으로 궤도에 쏘아 올리자 제2차

▲ 1969년 7월 16일, 아폴로 11호가 달 탐사라는 역사적인 임무를 띠고 발사되는 순간.

세계대전 이후 미사일 공학을 등한시했던 미국은 공포를 느꼈다.

이에 그치지 않고 소련은 최초로 살아 있는 동물인 개 '라이카'를 궤도에 진입시켰고, 1959년에는 우주탐사로켓 루나 2호를 달에 보냈으며, 1961년 4월에는 유리 가가린을 태운 우주선을 최초로 우주로 보내는 데 성공한다. 소련을 따라잡기에 분주했던 미국은 1958년 미국항공우주국, 즉 나사를 설립했다. 뿐만 아니라 우주계획에 필요한 엔지니어와 과학자들을 육성하기 위해서 수학과 과학 교육을 신장시킬 목적으로 공교육의 커리큘럼까지 변경했다.

머큐리, 제미니 그리고 아폴로

달착륙 프로그램의 첫 번째 단계는 머큐리 계획이었다. 1961년 5월 5일 알란 쉐퍼드가 탄 우주선이 15분간 준궤도비행을 하면서 미국인으로서는 최초로 우주 진입에 성공했다. 다음 달 존 F. 케네디 대통령이 십년 내에 달까지 가겠다는 목표를 결정한 이후 나사는 급격히 성장하기 시작했다. 1961년에서 1964년 사이에 예산이 거의 5배나 증가했고 3만 4,000명을 직접 고용했으며 제조업과 학계에 간접 고용된 사람들도 37만 5,000명이나 되었다.

프로젝트의 두 번째 단계는 달까지 탐사선을 쏘아 올리기 위해 필요

'A' 실종 사건

달 착륙에 관한 가장 유명한 에피소드 중 하나가 암스트롱이 유의어반복에서 자신의 표현을 보호하느라 부정관사를 잊으면서 역사적 대사를 망쳤다는 이야기이다. 달에서 저질 전파를 타고 온 방송을 듣는 대부분의 청취자들에게는 구분이 되지 않았겠지만 음성음향학적 연구상으로는 그렇다고 한다. 암스트롱이 한 말은 "one small step for a man."이다. 하지만 그의 오하이오 중부 지방의 억양으로 '만약 a를 발음한다면, 너무 짧아서 청각적으로 앞의 발음과 완전히 섞여 뭉개졌을 것'이라는 것이 미시간주립대학교에서 커뮤니케이션 과학과 장애를 가르치는 로라 딜레이 부교수의 의견이다. 그래서 실제로 암스트롱 식으로 'for a'를 말한다면 'frrr(uh)"라고 들릴 것이다.

한 시설과 기술을 시험하고 발전시키기 위해 지구 궤도에서 복합적인 임무를 해야 하는 제미니 계획이었다. 1968년 첫 번째 아폴로 미션이 발사되었고, 그해 12월 아폴로 8호가 달 궤도를 한 바퀴 돈 후 지구로 귀환했다. 그리고 1969년 7월 16일 오전 9시 32분, 마침내 아폴로 11호가 플로리다의 케이프케네디(현재는 케이프커내버럴)를 이륙했다. 탑승한 사람은 사령관 닐 암스트롱Neil A. Armstrong, 사령선 조종사 마이클 콜린스Michael Collins, 달착륙선 조종사 버즈 올더린 Edwin E. (Buzz) Aldrin, Jr으로 모두 39세의 나이에 몸무게 75kg, 키는 180cm였다.

성공 기원

미 의회의 절반과 56개국에서 온 3,000명이 넘는 기자들을 포함해 약 1만 명이 발사 순간을 지켜보았다. 높이 111m의 거대한 로켓이 3450만 뉴턴의 추진력으로(후버댐의 85 전력에 해당) 발사되었고 발사 관제 센터에서는 우주비행사들의 성공을 기원했다.

약 3시간 후 우주선이 3만 8,600km/h 속력으로 달을 향해 돌진하는 동안 비행사들은 달 착륙선 이글호와 사령선 콜롬비아호에서 분리시켰다가 결합하는 도킹 작업을 했다.

3일간의 여정 끝에 달에 도착한 아폴로 11호는 궤도에 진입했다. 7월 20일 오후 1시 46분 암스트롱과 올더린을 태운 달 착륙선 이글호가 사령선에서 분리되었다. 우주비행관제센터와 교신을 해야 했던 콜린스는 하루 동안 달 궤도에 홀로 남겨졌다. "아담 이후로 어느 누구도 달이 자전하던 이 47분 동안 마이크 콜린스만큼 고독한 인류는 없었을 것이다. 달 뒤편에 남겨진 그에게 말하는 것이라고는 탑승한 콜롬비아호의 녹음기뿐이었다." 오후 4시 이후 달 착륙자들이 달 표면에 접근하

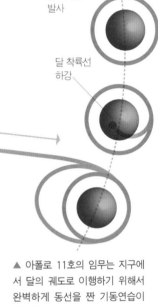

▲ 아폴로 11호의 임무는 지구에서 달의 궤도로 이행하기 위해서 완벽하게 동선을 짠 기동연습이 필요했다.

달 궤도 / 돌아오다 / 발사 / 사령선 착수 및 회복 / 달 착륙선 발사 / 달 착륙선 하강 / 떠나다

는 동안 암스트롱은 그들이 목표로 한 로키 크레이터에서 벗어나면서 조종 장치의 수동명령을 실행시켰다.

그의 심장박동을 나타내는 모니터기록장치의 숫자가 두 배나 커졌다. 고도의 변화에도 올더린의 목소리는 여전히 담담했다. "400피트, 하강까지 9, 그림자가 생겼다. 75피트, 괜찮아 보인다…. 먼지가 심해지고 있다. 30피트, 2½… 하강까지 4, 4. 오른쪽으로 약간 밀렸다. 가볍게 접촉했다. 오케이, 엔진을 끄겠다." 오후 4시 18분 달 표면에 무사히 착륙하자 암스트롱은 우주비행관제센터에 무전을 보냈다. "이글호 착륙했다."

사다리를 내리다

밤 10시 39분 달 착륙선의 출입문을 연 암스트롱이 밀려나왔다. 낮은 중력 때문에 지구에서 34kg이었던 큰 우주복과 휴대용 생명유지장치는 6kg밖에 나가지 않았다. 두 번째 사다리에서 암스트롱은 하강하는 모습과 첫 걸음을 방송으로 찍기 위해서 텔레비전 카메라의 스위치 고리를 당겼다. 그리고 아홉 번째이자 마지막 계단에서 잠시 멈추었다. "저는 지금 사다리 위에 있습니다…. 표면은 매우, 매우 고운 입자처럼 보입니다. 가까이에서 보면 알겠지만, 거의 가루 같습니다." 다음 순간 마침내 그가 다른 세계의 표면에 발을 내디뎠다.

올더린과 암스트롱은 하루 동안 몇 가지 과학실험도구를 배치하고 성조기를 꽂은 뒤 사진을 찍고 리처드 닉슨 대통령의 전화를 받았다. 그런 다음 휴식을 취하기 위해 이글호로 올라왔다. 7월 21일 오후 1시 54분 달 이륙선이 이륙해 콜린스가 타고 있는 콜롬비아호와 랑데뷰했다. 세 우주비행사는 지구로 출발했고 7월 24일 오후 12시 51분 태평양 한가운데에 착수했다. 그들이 탄 우주선은 176만km를 여행했고 우주비행사들은 195시간, 18분, 35초 동안(약 8일간) 아무런 문제없이 임무를 완수했다.

▲ (위) 아폴로 11호의 세 우주비행사. 오른쪽부터 암스트롱, 콜린스, 올더린.
(아래) 사진 속 버즈 올더린의 발자국은 아직도 남아 있다.

1

공화력이 공표된 해

　프랑스 공화국의 공화력 원년은 다른 유럽 국가들의 1792년 9월 22일~1793년 9월 21일에 해당한다. 하지만 실제로 공화력에는 1년이 존재하지 않았고 14년 이후부터는 만들어지지 않았다.

변화의 시대

　1793년 가을, 혁명위원회는 앞으로 프랑스는 서양의 다른 나라들이 사용하던 그레고리력을 더 이상 따르지 않겠다고 선언했다. 대신 과거와의 철저한 단절을 의미하는 새로운 달력을 도입하기로 결정했다. 새로운 해, 새로운 달, 새로운 날로 이루어진 이 새 달력은 1792년 9월 22일을 시작일로 선언했는데, 프랑스 공화국에서는 이때가 추분이라는 사실을 발견했다. 새 달력은 1793년 9월 22일이 지나서야 채택되었기 때문에 원년은 없지만 날짜를 소급적용해서 2년부터 시작됐다.

　새 달력은 구세계, 특히 귀족과 교회와 연관된 매개체를 일소시키려는 혁명프로젝트의 일환이었다. 그에 따라 위원회는 새롭고 완전히 대중적인 달력을 만들기로 했고, 언제 시작할 것인지가 논쟁의 주제가 되었다. 어떤 이는 바스티유 데이(1789년 7월 14일)를 제안했고, 어떤 이는 혁명이 일어난 해의 첫날, 즉 1789년 1월 1일을 주장했다.

　프랑스의 천문학자 제롬 랄랑드Jerome Lalande가 공화국의 실립 날짜가 1792년 추분이었다는 것을 언급했고, 수학자에서 정치가가 된 그의 친구 질베르 롬Gilbert Romme은 이 날을 새 달력의 시작점으로 할 목적으로 곡을 만들었다.

새 달력은 1년 365일을 30일씩 12개월로 나누고 나머지 5일을 휴일로 추가하는 합리적인 선에서 구성되었다(윤년에는 6일). 공화력에는 일요일도 없었고 종교적 휴일도 없었다.

니피, 드리피, 슬리피

시인 파브르 데글랑틴Philippe Fabre d'Eglantine은 셋잇단음표의 운율에 맞춰 가을은 방데미에르(포도달), 브뤼메르(안개달), 프리메르(서리달), 겨울은 니보즈(눈달), 플뤼비오즈(비달), 방토우즈(바람달), 봄은 제르미날(싹달), 플로레알(꽃달), 프레리알(풀달), 여름은 메시도르(수확달), 테르미도르(열熱달), 프뤽티도르(열매달)이라고 지었다. 영국에서는 이를 조롱하기 위해 니피, 드리피, 슬리피, 프리지, 스니지, 휘지, 스노워리, 플로워리, 보워리, 휘티, 히티, 스위티라고 재명명했다.

가톨릭교회를 자신의 편으로 끌어들이려던 나폴레옹이 혁명력 또는 공화력을 폐지시키면서 프랑스는 1806년 1월 1일부터 다시 그레고리력으로 돌아갔다.

▼ 프랑스의 화가 루이 라피트(Louis Lafitte)가 그린 '제르미날 달의 우화'

3

토이토부르크 숲의 전투

서기 9년 로마의 세 군단이 토이토부르크의 깊은 숲속에 매복해 있던 게르마니아인들에게 전멸당하면서 로마군 역사상 가장 큰 참패 중 하나를 기록했다. 이 패배는 로마제국과 유럽 역사의 흐름에 큰 영향을 미쳤다.

서기 역사가 시작되면서 아우구스투스^{Augustus} 황제가 다스리던 로마제국은 라인 강을 따라 게르마니아 지역의 정복 사업을 강화했다. 당시 게르만 귀족들의 로마군 복무와 게르만 부족의 도시화가 시작되는 등 로마화 과정이 진행되고 있었다. 뒤를 이어 아우구스투스의 후계자 티베리우스^{Tiberius}가 라인 강 너머 엘베 강까지 로마의 지배력을 확장했지만 서기 7년 소환명령을 받고 푸블리우스 퀸틸리우스 바루스^{Publius Quinctilius Varus}로 대체되었다. 바루스의 가장 가까운 토착민 조력자 중 한 명이었던 게르만 귀족 아르미니우스^{Arminius}(독일 이름은 헤르만)는 반란을 꾀하며 로마군에게 끔찍한 함정을 파놓았지만 바루스는 이 사실을 알지 못했다.

서기 9년 늦은 여름 현재의 니더작센 지역에 문제가 생겼다는 아르미니우스의 거짓보고에 바루스는 17, 18, 19사단을 이끌고 그들이 파놓은 함정을 향해 습기가 가득 찬 숲속으로 들어섰다. 까다로운 숲길을 따라 한 줄로 행진하던 로마군은 매복하고 있던 게르만인들에게 습격당했다.

게르만 습격자들은 쉴 새 없이 화살을 쏘아댄 후 로마군이 꼼짝하지 못하는 상황이 되자 본격적으로 공격하기 시작했다. 로마의 역사가 플로루스는 로마사 개요에 다음과 같이 기록했다. "이 숲에서 일어난 것보다 더 잔인한 살육은 없을 것이다. 야만인에게 받은 모욕 중 이보다 참기 힘든 치욕도 없을 것이다…"

▲ 로마의 역사가 세토니우스에 의하면 그 소식을 들은 아우구스투스 황제(그림)는 깊은 슬픔에 빠져 몇 달 동안 수염도 머리카락도 자르지 않았고 이따금 문으로 달려가 머리를 찧고는 "퀸틸리우스 바루스여, 내 군단을 돌려다오."라며 울부짖었다고 한다.

3

중국의 삼국시대

중국 역사에서 삼국시대는 한나라^漢 말에서 진나라^晉가 건국되기까지의 짧은 시기로 220~265년(또는 22쪽의 박스에서는 280년)을 말한다. 유혈이 낭자했던 이 혼돈의 시대에 인구와 부는 극단적으로 감소했지만, 중국의 문화적 상상력을 통해서 낭만적인 이미지가 씌어졌다. 유럽인들이 중세시대를 '기사도의 시대'로 이상화시킨 것과 유사하다고 볼 수 있다.

서기 25년부터 중국을 다스렸던 동한 제국은 2세기 말부터 무너져

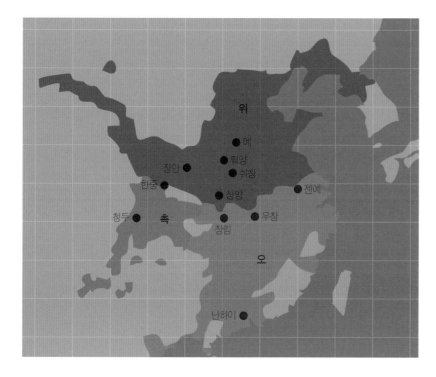

◀ 3세기 무렵 중국의 삼국. 후대 작가들은 당시의 전쟁과 혼란을 심각할 정도로 낭만적으로 묘사했다.

내리기 시작했다. 무능한 황제는 마지못해 부패한 환관들에게 통치권을 이양했다. 자연재해와 기근은 한의 '천자 또는 천명'으로 알려진 정통성을 상실시키는 데 일조했다.

195년, 반란과 음모가 계속되자 마지막 황제 헌제는 가장 강성했던 조조^{曹操} 장군에게 몸을 의탁한다. 오늘날 조조는 가장 효율적으로 왕권을 장악했던 것으로 평가받지만 그의 세력이 미치는 범위는 양쯔 강 북부로 한정되어 있었다. 양쯔 강 이남은, 남서쪽으로는 유비^{劉備}가 다스리는 촉^{蜀漢}과 남동쪽으로는 손권^{孫權}이 다스리던 오^吳가 각각 자리 잡고 있었다.

적벽

조조는 군대를 집결시켜 남쪽으로 행군했지만 촉과 오의 동맹에 맞서 208년 적벽대전에서 크게 패하고 말았다. 한나라가 공식적으로 멸망한 것은 조조의 아들이자 후계자 조비가 헌제를 퇴위시킨 220년이지만 사실상 중국이 삼국으로 확고하게 분열된 것도 이때였다. 북쪽의 위는 가장 인구가 많고 힘이 강한 나라였다. 하지만 촉과 오는 정벌과 무역(대운하계획 덕분이었다)을 통해서 힘을 증강시켰다. 오는 젠예(오늘날의 난징)로 수도를 옮겨 무역과 해상운송으로 부를 축적하면서 발전했다. 이후 중국 역사에서 대부분 젠예가 수도로 지정되었다.

시대의 종말

마침내 위가 남쪽의 국가들을 정벌하면서 삼국시대는 막을 내린다. 힘의 외교를 펼쳤던 위에서는 명목상 조 씨 문중이 왕위에 올라 있었지만 실질적으로는 사마염^{司馬炎} 장군이 이끄는 사마 씨 문중이 집권했다. 263년 위군이 촉을 정복했고, 265년 사마염은 마지막 조 씨 왕을 퇴위시키고 진(서진)을 세웠다. 일부 연대에서는 이것을 삼국의 멸망으로 보지만, 일반적으로 인정하는 멸망연도는 진이 조함계획과 침략계획을 세운 지 10년 만에 마침내 오를 예속시킨 280년이다. 279년 진의 군대를 태운 함대가 양쯔 강을 건넜고, 280년 오의 마지막 황제 손호가 투항한다. 그리하여 진나라가 중국 전체를 다스리게 되었지만 제국의 존속은 길지 않았고 중국은 또다시 혼란에 빠지고 말았다

3

한국의 고대 삼국시대

한국의 고대 삼국시대(기원전 57~기원후 668년)는 한국이 역사시대로 진입했음을 나타낸다. 7세기 무렵 한국은 북쪽으로는 고구려, 남서쪽으로는 백제, 남동쪽으로는 신라라는 삼국으로 분열되어 있었다. 이 왕국들은 야금을 장악하고 성벽도시에 사는 지배계층을 소작농들이 떠받들던 부족문화에서 발달하기 시작했다.

삼국에 1차적으로 영향을 끼친 것은 북쪽의 선진화된 중국문명이었다. 한나라에 의해 세워진 중국 속국에 대한 반작용으로 고구려^{高句麗}가 제일 먼저 출현했다. 유럽에서 로마제국이 몰락하자 영국에서 앵글로색슨 왕국이 시작될 수 있었던 것처럼, 한나라가 멸망하면서(21쪽 참조) 발생한 이 지역의 힘의 공백이 강력한 힘을 가진 위성 지역의 다른 소국들에게 성장할 시간을 준 것이다.

세 나라는 각각 자신들만의 고유한 문화와 예술 양식을 발달시켰다. 4~5세기에 가장 크고 강력하게 성장한 고구려는 북으로는 만주까지 영토를 확장시켰고, 수나라^隋 대군의 침입을 격파했다. 남쪽의 신라^{新羅}는 법흥왕^{法興王} 시절 가장 강력하게 성장했다. 법흥왕은 중국식 관료체계를 도입했고 친족의 등급을 나누는 '신성한 뼈' 시스템인 골품제를 시행해서 왕족의 핏줄에 가까울수록 상위 계급에 두었다. 결국 중국의 당나라와 연합한 신라가 한반도 전체를 점령하면서 668년 통일신라를 세운다.

▼ 4세기 고구려 무덤에서 나온 벽화에는 중국의 영향을 받은 듯한 귀부인과 시녀의 모습이 그려져 있다.

4

암살당한 미국의 대통령들

미국에서 일어난 몇 차례의 암살 시도로 사망한 대통령은 모두 네 명이었다. 공식적으로 총에 맞아 사망한 네 사람은 아브라함 링컨^{Abraham} Lincoln(1865년 4월 15일), 제임스 가필드^{James A. Garfield}(1881년 7월 2일), 윌리엄 맥킨리^{William McKinley}(1901년 9월 6일), 존 F. 케네디^{John F. Kennedy}(1963년 11월 22일)이다.

▲ 1858년 초기 방식으로 찍은 아브라함 링컨 대통령의 사진.

죽음을 예언하다

이들 중 첫 번째로 암살당한 아브라함 링컨은 평소 암살 가능성이 매우 컸던 것으로 알려져 있었다. 하지만 불길한 전조가 수없이 도사리고 있던 탓에 오히려 막을 기회를 놓칠 수밖에 없었다. 링컨의 친구 와드 힐 라몬의 말에 의하면, 링컨은 죽기 며칠 전 백악관에서 장례식이 치러지는 꿈을 꾸었다. 누가 죽은 거냐고 묻자 어떤 사람이 "대통령이오. 대통령이 암살당했소."라고 대답했다고 한다.

그 즈음은 남부 연합의 로버트 E. 리 장군이 항복하면서 내전이 종식되는 중이었고, 4월 14일 당일 링컨은 들떠 있었다. 신문에는 대통령과 영부인이 그날 저녁 워싱턴 D.C.의 포드극장에서 공연하는 연극 〈우리의 미국인 사촌〉을 관람할 것이라는 기사가 보도되었다. 조심해야 할 상황인 만큼 불참하는 것이 좋겠다는 영부인과 보디가드의 간청에도 불구하고 링컨은 고집스럽게 관람을 주장했다. 극이 시작한 뒤에 도착한 링컨과 영부인, 손님인 헨리 래스본 시장과 약혼자는 그들을 위해 마련된 특별석으로 안내되었다. 문 앞을 지켰어야 할 경찰은 몰래 빠져

나가 술집에서 술을 마시고 있었다. 3막이 공연되는 사이에 특별석에 잠입한 남부 연합의 동조자 존 윌크스 부스^{John Wilkes Booth}가 링컨의 머리에 데린저 권총을 겨누었다.

래스본은 다음과 같이 회상했다. "권총이 발사되는 소리에 돌아본 순간 뿌연 연기 너머로 문과 대통령 사이에 한 남자가 보였다. 그때 남자가 무슨 말을 했는데, 내 생각에는…, 아마도 '자유!'라고 외쳤던 것 같다." 부스는 칼을 꺼내들어 래스본을 찌르고는 무대로 뛰어내려 옆문으로 달아났다. 래스본은 "대통령을 돌아보았을 때 그분의 자세는 변함없이 그대로였다. 머리는 살짝 앞으로 기울어져 있고 눈은 감겨 있었다." 뇌에 총알이 관통한 링컨은 의식을 회복하지 못한 채 다음날 사망했다. 영부인 매리 토드는 아마도 이렇게 탄식했을 것이다. "예지몽이 현실이 되었구나!"

의사에게 살해당하다

제임스 가필드 대통령은 1881년 7월 2일 워싱턴 D.C.의 기차역에서 암살범에게 맞은 총격에 의한 부상으로 사망했다. 하지만 실제로 9월 19일까지는 사망하지 않은 상태였다. 사망 원인은 의사의 무지와 무능함 때문이라고 할 수 있다. 암살 당시 목격자의 말에 의하면, "대통령이 여성 대기실을 지나가고 있을 때 두 발의 총성이 연달아 들렸고 그 중 한 발이 그의 등에 맞았다. 그는 엄청난 피를 쏟아내며 문에 주저앉으며 외쳤다. '세상에, 이게 무슨 일이람!'" 암살범은 공직에 지원했다가 탈락한 찰스 기토^{Charles J. Guiteau}로 대통령은 그의 이름을 들어본 적도 없었을 것이다.

당시 총상은 매우 고통스럽지만 치명적이지는 않다는 인식이 지배적이었다. 하지만 의사의 잘못된 처치가 가필드 대통령의 상태를 악화시켰다. 총알의 위치를 찾기 위해서 지속적으로 파헤치는 바람에 상처가 더 커지고 감염까지 된 것이다. 사망 당시 7.5cm이었던 총상은 50cm에 가깝게 곪은 자상이 되었고, 95kg이었던 체중은 59kg밖에 나

▼ 미국의 20대 대통령 제임스 가필드의 공식적인 초상화

가지 않았다. 총알을 찾기 위해서 유명한 발명가 알렉산더 그레이엄 벨^{Alexander Graham Bell}이 '유도균형 전기장치'(초기 금속탐지 장치의 일종)를 가져왔지만 성공하지 못했다. 가필드 대통령은 극한의 고통 끝에 결국 심장마비로 사망했다.

"부디"

윌리엄 매킨리 대통령은 1901년 9월 6일 뉴욕 주 버팔로에서 개최되는 범아메리카 박람회에 방문했다가 저격을 당했다. 그는 템플뮤직 박람회에서 지지자들을 만나 악수할 예정이었는데 보좌관은 위험인물이 있을지도 모른다는 이유로 반대했다.

매킨리 대통령은 "나를 해칠 사람은 아무도 없다"며 받아들이지 않았지만 결국 틀린 셈이었다. 박람회에는 1897년 광부들의 파업에 대한 대통령의 조치에 불만을 품고 있었던 무정부주의자 레온 촐고츠^{Leon Czolgosz}가 있었다. 그 자리에는 기자 존 D. 드웰도 있었다. "갑자기 대통령 앞으로 튀어나오는 한 손을 보았다(실제로는 두 손이었다). 마치 대통령의 손을 양손으로 잡고 싶어 하는 듯했다. 한쪽 손바닥에, 오른쪽이었던 것 같은데, 손수건이 있었다. 그곳에서 간신히 알아들을 수 있을 만큼 빠른 속도로 연달아 두 발의 총알이 발사되었다."

▲ 25대 대통령 윌리엄 매킨리

두 번째 총성이 매킨리의 복부를 쏘았고 안전요원이 발포자를 잡는 동안 대통령은 뒤로 쓰러졌다. "아내에게 잘 말해주게. 부디." 그는 수행원에게 유언을 남기고 8일 후인 9월 14일 총상으로 인한 괴저로 사망했다. 촐고츠는 10월 29일 전기의자로 사형이 집행되었다.

꽃더미

가장 악명 높은 대통령 암살로 꼽을 수 있는 것은 아마도 1963년 11월 22일에 일어난 존 F.케네디 사망 사건일 것이다. 재선이 다가오던 임기 3년째에 케네디는 정치적인 이유로 댈러스를 방문했다. 아내 재키와 탄 오픈카에는 텍사스 주지사 존 코넬리^{John Connally}와 그의 아내

넬리[Nellie]도 타고 있었다. 대통령은 길거리에 길게 늘어서 있는 군중을 향해 손을 흔들었다. 차량 행렬 뒤쪽에는 부통령 린든 존슨[Lyndon B. Johnson]과 그의 아내 버드 여사[Lady Bird], 텍사스 민주당 상원의원 랄프 야보로프[Ralph Yarborough]가 탄 차가 따라가고 있었다.

12시 30분 자동차 행렬은 텍사스 교과서 보관창고 앞에서 왼쪽으로 코너를 돌았다. 버드 존슨 여사는 며칠 후 그날의 사건에 대해 진술했다. "거의 도시의 끝 구역이었다…. 언덕을 내려가 코너를 돌고 있는데 갑자기 날카롭고 큰 폭발음이 났다. 총 소리였다. 건물에서 내 오른쪽 어깨 위로 날아온 것 같았다. 잠시 후 두 발의 총성이 연속적으로 들렸다." 처음에는 누가 폭죽을 터뜨린 줄 알았다. 하지만 경호원이 그들을 바닥에 밀쳤고 차가 속력을 높여 달리기 시작했다. "병원에 도착해서야 무슨 일이 일어났는지 알았다. 야보로프는 흥분한 목소리로 계속 말했다. '대통령이 총에 맞았나요'. 나는 '아니, 그럴 리가 없다'라고 대답했던 것 같다. 마지막에 어깨 뒤를 힐끗 돌아보았을 때 대통령의 차 뒷자리에 꽃더미처럼 보이는 분홍색 다발을 보았다. 대통령의 몸을 감싸 안은 영부인이었던 것 같다."

총알은 케네디 대통령의 머리를 관통했고 주지사 코넬리도 부상을 당했다. 공식적인 보도에 따르면 암살자는 리 하비 오스왈드[Lee Harvey Oswald]라는 자의 단독 범행이었다. 경찰관을 살해한 후에 체포된 오스왈드도 이틀 뒤 잭 루비[Jack Ruby]가 쏜 총에 맞아 사망한다. 하지만 대통령의 사망을 두고 피델 카스트로[Fidel Castro]가 보낸 쿠바 비밀요원이라는 설을 비롯해 케네디의 지원 부족으로 피그스만 침공 대실패에 분노하고 불만을 품은 반공산주의 쿠바 망명자, 마피아, 린든 존슨 부통령이 쿠데타를 일으킨 것이라는 등 믿기 힘들 정도로 거대한 음모론 산업이 활성화되었다.

▼ 댈러스 자동차행렬 중인 존과 재키 케네디, 주지사 코넬리와 아내 넬리도 링컨 콘티넨탈에 동승하고 있었다.

5

중국 역사 속의 5대 10국

　한나라^漢의 기나긴 붕괴 과정에서 어떤 나라도 중국 전체를 통치하지 못하는 불안정한 시대가 계속되었던 것처럼 당나라^唐의 와해 역시 5대 10국 시대로 이어졌다. 907년에서 960년(송나라^宋 건국) 사이에 중국의 북쪽 지역에서는 5대 왕조가 짧게 생겨났다가 사라졌고, 비슷한 시기에 남쪽 지역에는 9나라와 멀리 북쪽의 작은 나라까지 포함해 10국이 할거했다.

　874년 기후변화가 일어나면서 중국의 농업생산량은 절반이나 줄어들었다. 난세에 수도를 약탈하는 황소의 난이 발생하자 황제의 실세는 치명적으로 쇠약해졌다. 지역 반군들이 점점 더 영토를 장악하는 상황에서 907년 주온 장군은 당의 마지막 황제를 폐위시킨다. 이후 주온이 후량을 세웠고, 후량은 장종이 세운 후당에 멸망했으며, 얼마 지나지 않아 후당도 반유목 거란족과 동맹을 맺은 석경당 장군에게 멸망당했다. 936년 석경당은 후진을 세웠지만 그의 아들이 거란과의 동맹에 반발하자, 946년 거란이 쳐들어와 아들을 포로로 끌고 간다. 후진에 이어 후한, 후주가 차례로 등장했고 960년에는 훗날 태조로 알려진 장군 조광윤이 송나라를 세운다.

　이 사이에 남쪽 지역의 오, 남당, 남한, 초, 전촉, 후촉, 민, 남한, 오월 등 9나라에서는 무역과 기술, 문화가 융성했다. 멀리 북쪽의 열 번째 나라의 이름은 북한이었다.

▲ 당나라 문관을 묘사한 조각품이다. 독특한 관모와 법복, 손에 든 서편은 공식서한이다. 10세기 당나라의 황금시대는 혼돈의 시대 속으로 사라졌다.

5

브루넌부르 전투에서 죽은 왕의 수

"가장 아름다운 젊은 날 날카로운 검에 찔린 다섯 왕이 전장에 잠들다" 937년 명실공히 영국의 역사적 의미가 담긴 브루넌부르 전투에서 피 흘리며 죽어간 사상자를 묘사한 앵글로 색슨 연대기의 기록이다. 왕들 곁에 일곱 명의 백작과 '번포표도 없는 군중'이 잠든 이 전쟁은 아마 영국 땅에서 벌어진 가장 피비린내 나는 전투 중 하나였을 것이다.

이 전투는 알프레드 대왕^{Alfred the Great}의 손자 애설스탠^{Athelstan}의 군대와, 켈트족과 바이킹 동맹 사이에서 벌어졌다. 알프레드 대왕은 영국 남부의 대부분과 중부를 다스렸던 앵글로 색슨 지도자 중에서 가장 탁월한 통치자로 영국의 체계를 확립했다. 한편 바이킹들은 북부의 요크 지역과 노섬벌랜드를 지배했지만 호시탐탐 잉글랜드의 다른 지역을 노렸고 켈트 왕은 웨일스와 스코틀랜드 지역을 다스렸다. 928년 애설스탠은 알바 왕국의 콘스탄틴 왕(스코틀랜드)과 요크의 바이킹에게 승리를 거두었다. 브리튼에 대한 애설스탠의 지배력이 강화되는 것을 경계한 콘스탄틴 왕은 스트래스클라이드의 켈트 왕국, 노섬벌랜드의 바이킹 백작, 아일랜드 더블린의 바이킹 왕들과 동맹을 맺었다.

937년 바이킹과 켈트 동맹군은 애설스탠의 깃발 아래 결집한 앵글로 색슨 왕국을 자극하면서 앵글로 색슨 땅으로 행군했다. 하지만 결국 브루넌부르에서 진압되었고 애설스탠은 통일된 앵글로 색슨 땅의 왕이자 브리튼의 지배자로서 그 위치를 확고히 다질 수 있었다. 반면 켈트족의 영역은 웨일스와 스코틀랜드의 국경선 내로 제한되었다. 따라서 브루넌부르 전투는 영국이라는 국가의 탄생을 상징한다고 할 수 있다.

▲ 빅토리아 후기 시대에 영국 전체의 최초의 왕 애설스탠을 상상으로 그린 그림이다.

5

시몬 볼리바르가 자유를 찾아준 남미의 다섯 나라

'해방자'라는 타이틀로 잘 알려진 시몬 볼리바르^{Simón Bolívar, 1783~1830}는 스페인의 초기 식민지였던 남미 여러 나라에서 독립투쟁을 이끌었던 주역으로, 1810~1825년 독립 전쟁 기간 동안 베네수엘라, 콜롬비아, 에콰도르, 페루, 볼리비아 공화국 건립에 중요한 역할을 했다.

스페인 왕 조제프 보나파르트(나폴레옹의 형제)가 나폴레옹 점령지에서 분할 불입금을 거두면서 당시 스페인의 식민지였던 베네수엘라에서는 반란이 일어났다. 카르카스 출신의 시몬 볼리바르는 크리올 집안에서 태어나 잘 교육받은 젊은이였다. 1810년 볼리바르는 독립운동을 지원받기 위해 런던으로 건너갔지만 빈손으로 돌아온다. 하지만 추방당한 국외거주자 프란시스코 데 미란다^{Francisco de Miranda}(베네수엘라 군인)에게 독립운동을 이끌도록 설득했다.

자메이카에서 온 편지

미란다의 휘하에서 독립운동을 하던 볼리바르는 1811년에 선언한 베네수엘라 제1공화국이 곧 몰락하자 지도자가 되어 투쟁을 계속 이끌었다. 1813년에 선언한 제2공화국은 야네로스(평원의 주민)—강력한 기갑부대—의 맹공격에 무너졌고, 또 다른 반란이 실패하면서 볼리바르는 자메이카로 추방당했다. 그곳에서 그는 영국과 미국의 도움을 받아 구성된 라틴아메리카 공화당 연합의 비전을 시작하고 중대한 의미가 담긴 '자메이카에서 온 편지^{Carta de Jamaica}'를 쓴다.

볼리바르는 군대를 재건하고 강력한 리더십 아래 정치적 파벌을 강

화하면서 1817년부터는 더욱 성공적인 조직운동을 시작했다. 1819년
에는 제3베네주엘라 공화국을 선포했고, 1821년에는 보다카 전투에서
뉴 그라나다 영토를 해방시켰으며 1822년에는 카라보보 전투에서 스
페인 왕정의 군대를 크게 격파했다. 이때 에콰도르, 콜롬비아, 베네주
엘라가 된 영토와 현재의 브라질, 파나마, 기타 등등의 해방령을 구축
한 볼리바르는 그란 콜롬비아 공화국의 초대 대통령에 취임했다.

바다를 경작하며

보고타를 새 나라의 수도로 세운 볼리바르는 더 많은 나라를 해방시
키기 시작했다. 1822년에서 1825년 사이에는 키토 지역, 어퍼 페루(지
금의 볼리비아), 페루 부왕령을 해방시켰다. 이처럼 독립전쟁에서 승리를
거두었지만 가장 영광스러웠던 그 순간에 평화를 얻
지는 못했다. 카르카스와 보고타의 분리주의자들 사
이에서 갈등이 불거졌고 볼리바르의 권력욕에 대한
의심이 피어올랐다.

찬반 볼리바르인 사이에서 헌법협상을 감독하기
위해서 보고타로 돌아갔던 볼리바르는 1828년 협상
이 무산되자 독재 권력을 휘두르기 시작했다. 하지만
한 달도 되지 않아 볼리바르에 대한 암살기도가 있
었고 그는 결국 추방당했다.

1830년 볼리바르는 낙담과 환멸, 한탄 속에서 사
망했다. "혁명이라는 대의명분에 몸을 바친 이들은
바다를 경작한 것이다."

얼마 지나지 않아 그란 콜롬비아는 에콰도르, 베네
수엘라, 콜롬비아로 분리되었고, 10여 년이 지난 후
에야 볼리바르의 명예회복이 이루어졌다. 볼리바르
는 애국주의자의 상징이자 범라틴아메리카의 영웅,
구세주 같은 인물로 여겨진다.

▼ 시몬 호세 안토니오 데라산티시
마 트리니다드 볼리바르의 사후
1895년에 그려진 초상화.

5

아쟁쿠르에서 영국군 궁수들이 상대한 적군의 수

아쟁쿠르 전투는 영국군 역사상 가장 큰 승리 중 하나로, 결과적으로 기존의 사회경제 체제와 전투 양식에 완전한 종말을 고한 전조가 되었다.

1415년 가을, 영국의 새 국왕이 된 헨리 5세는 프랑스 왕권 계승의 정당성을 주장하며 프랑스를 침략했다. 군사작전은 빈약했고 군대는 점점 줄어들던 상황이었다. 10월 24일 영국군은 아쟁쿠르에서 훨씬 더 우세한 프랑스 병력과 마주했다. 놀랍게도 다음날 전투에 참가한 영국의 8,000 병사 중 아군 전사자는 1,000여 명에 그친 데 반해 1만 명 이상의 프랑스군을 대부분 사살하는 대승리를 거두었다.

헨리의 군대가 전투에 성공한 요인은 종래 5대 1이던 병사와 궁수의 비율에서 궁수의 비율을 대폭 늘린 데 있었다. 이 궁수들은 182m까지 화살을 날릴 수 있는 장궁을 사용했다. 철갑 화살 장비를 갖추고 전투에 유리한 전술을 쓰는 영국의 장궁 궁수들은 무거운 갑옷을 입고 봉건귀족 특유의 전투 양식으로 싸우는 기사들에게 엄청난 타격을 가했다.

봉건귀족의 지배계급 지위는 비싼 판금 갑옷과 말을 부릴 전사로서의 기량에서 기원했는데, 여기에 지배계급의 지위가 달려 있었기에 자급자족하는 제도가 된 것이다.

따라서 싸고, 그래서 더 평등한 장궁은 화약무기의 도입이라는 극적인 군사적, 사회경제적 징후를 예고하면서 봉건제도를 약화시켰다.

5

앙코르와트의 탑

앙코르와트는 현재 캄보디아인 크메르 왕국의 수도 앙코르에 있는 수많은 사원 중에서 가장 크고 가장 잘 알려진 사원이다. 크메르 왕들은 889년부터 앙코르를 힌두 우주관이 담긴 세속적인 묘사로 변형시키기 시작했다. 이는 사후 신과 합일하기 위해서 앙코르와트를 세운 수리야바르만 2세의 통치기간(1113~1150) 동안에도 계속되었다. 사원에 새겨진 비문에 의하면 수리야바르만 2세는 1대1 결투에서 전투코끼리에 뛰어올라 경쟁자를 물리친 후에 권력을 쥐게 되었다고 한다.

앙코르와트는 다섯 개의 봉우리가 있는 힌두의 산, 메루산의 신비롭고 성스러운 지형을 본따 지었다. 그래서 이곳에는 다섯 개의 탑이 있으며, 그중 중앙의 탑은 높이가 65m에 달한다.

사원 부지 자체는 약 200만m²에 이르며, 너비 200m와 둘레 5km, 깊이는 4m가 넘는 거대한 해자로 둘러싸여 있다. 해자를 파냈다는 것은 150만m³의 모래와 세사를 옮겼다는 뜻이다. 해자가 지하수위를 일정하게 유지하는 역할을 하기 때문에 사원은 안정될 수 있었다.

거대도시 앙코르와트의 구조와 유물에 결정적인 영향을 미친 요인은 수문학 기술이었다. 앙코르와트는 산업혁명 이전에 1,000km²에 이르는(아마도 그 이상) 광대한 땅을 덮어 만든 가장 큰 도시일 것이다.

▼ 성스러운 메루 산의 봉우리 중 하나를 묘사하고 있는 앙코르와트의 다섯 개의 탑 중 하나.

6

톨퍼들 마을의 순교자들을 만들어낸 임금

　1834년 영국 남서부에 위치한 도르셋의 톨퍼들 마을에서 농장노동자로 일하던 조지 러블리스와 제임스 러블리스 형제, 제임스 브린, 제임스 헤멧, 토마스 스탠필드와 아들 존 스탠필드 등 여섯 명은 필사적으로 임금하락을 막기 위해 노동조합을 결성했다. 노동자의 불만에 두려움을 느끼고 있던 정부는 억압적이고 수구적인 태도로 날조된 증거를 들어 그들을 기소하고 오스트레일리아에서 7년간의 유배를 선고했다. '톨퍼들의 순교자' 전설은 이렇게 시작되었다.

캡틴 스윙 반란

　19세기 초 농장노동자 계급은 가혹한 경제난 때문에 끔찍한 고통을 겪었다. 토지권의 변화와 기계화의 확대로 동일 시간에 대한 임금이 삭감되면서 사람들의 생활수준은 기하급수적으로 떨어졌고, 노동자들은 자신들의 이익을 보호하기 위해 몇 가지 정당한 방법을 행사했다.

　한 가족이 빈약하기 짝이 없는 최저생활수준이라도 유지하기 위해서 필요한 돈은 1주일에 약 14실링, 오늘날 미국 통화량으로 고작 1달러 정도였다. 1834년 톨퍼들 사람들은 임금이 기아수준인 주당 9실링으로 떨어지는 것을 목격했고, 얼마 지나지 않아 그마저도 6실링으로 삭감된 세 번째 인하에 직면했다. 이것은 현재 미국 통화량으로 50센트도 못 되는 금액이었다.

　그보다 몇 해 전 영국의 시골 지역에서 낮은 임금과 실업률 증가, 혹한의 겨울과 빈곤한 수확이 겹치면서 시민들의 불만이 폭발해 '스윙반

▲ 클리브스 페니 관보에 실려 있던 원본 그림을 모사한 톨퍼들 순교자 중 네 사람.

란'이 일어난 적이 있었다. 1830년 11월, 새로 도입된 기계화의 영향에 분노하고 위기에 몰린 노동자들은 기계를 망가뜨리고 농장건물을 불 태웠으며 법집행관을 폭행했다. 그리고 폭동 주모자를 가상의 인물에게 돌리기 위해 캡틴 스윙이라는 네임카드를 남겼다. 이에 정부는 스윙 폭동자 600명을 수감하고 500명에게 유형, 19명에게 사형을 선고하는 무자비한 처사로 대응했다.

노동조합원

초기의 노동조합 운동에 영감을 받은 톨퍼들 사람들은 항의 방법을 달리하기로 했다. 이들은 전국노동조합대연합의 조언을 얻어 자신들만의 노동조합을 구성했다. 모임은 오래된 시카모어 나무 밑이나 제임스 러블리스의 집에서 이루어졌고 각자 1실링을 납부하고 해골 그림 앞에서 조합의 비밀을 절대로 누설하지 않겠다고 맹세했다.

대지주 제임스 프램프톤은 혁명에 대한 열정을 경멸하며 위험하게 여기던 사람이었다. 그는 스윙 스타일의 소요가 또 다시 시작될 것이라는 공포에 휩싸여 톨퍼들 사람들 사이에 잠입했다. 그리고 지역 치안판사와 정부와 공모해 '불법서약 집행'이라는 죄목을 뒤집어씌워 그들을 체포한다. 거론된 조항은 해군에 관련된 법규였지만 날조된 재판에서 프램프톤과 그의 아들, 형제, 내무장관 처남 등이 대배심으로 임명되어 톨퍼들 사람들에게 유죄를 선고했다.

구호는 자유

재판 결과 7년간 유배가 선고되었다. 사실상 영국의 대척지에 있는 범죄자 식민지(오스트레일리아)로 보내버리는 편도티켓이나 마찬가지였다(120쪽 확인). 전국에서 광역적으로 항의와 시위운동이 일어난 끝에 1836년 정부는 톨퍼들의 순교자가 된 이들의 형을 면제해주었다. 하지만 여섯 명 중 다섯 명이 캐나다로 이주했고 톨퍼들로 돌아온 사람은 한 명뿐이었다.

6

헨리 8세의 아내들

아마도 역사상 가장 유명한 '시리얼 허즈번드'는 1509년에서 1547년 사이에 아내를 여섯 명이나 갈아치운 헨리 8세Henry Ⅷ일 것이다. 그는 어떤 영국 왕보다도 많은 아내를 둔 왕이었다. 수많은 약혼과 파혼 뒤에는 정욕과 미신, 후계자가 될 아들에 대한 갈망, 조산 합병증 등의 진짜 이유가 숨겨져 있었다.

▲ 1537년 홀베인이 그린 초상화

후계자를 잃다

1509년 헨리는 아라곤의 캐서린Katherine과 결혼했다. 스페인의 공주 캐서린은 1502년에 세상을 떠난 헨리의 형과 결혼했던 여자였다. 처음에는 행복한 결혼생활로 보였지만 연이은 사산과 영아 사망으로 점차 금이 가기 시작했다. 이는 두 부부 사이에서는 헨리가 간절히 바라고 필요한 후계자를 생산할 수 없다는 뜻 같았다.

1526년 그는 앤 불린Anne Boleyn에게 푹 빠져들었지만 앤은 결혼하지 않은 상태로는 잠자리를 할 수 없다며 거절했다고 한다. 헨리는 형과 결혼했던 여자였으므로 그들의 결혼은 잘못된 것이라며 교황에게 캐서린과의 혼인을 무효화해달라고 요청했다.

하지만 정치적 사항 때문에 교황은 혼인 무효선언을 할 수 없었다. 그러자 헨리는 로마와 결별을 선언하고 1533년 앤과 결혼했다. 그해 5월 새로 임명된 캔터베리의 대주교 토머스 크랜머Thomas Cranmer가 헨리와 캐서린의 혼인무효를 선언하고 새 결혼을 인정했다. 1533년 6월 1일 왕비의 자리에 오른 앤은 9월에 헨리의 둘째 딸 엘리자베스를 낳았다.

플랑드르의 암말

앤이 남자아이를 생산하지 못하자 헨리는 그녀에게 질려버린다. 앤불린은 근친상간 등을 비롯한 여러 가지 죄목으로 1536년 5월에 참수형을 당했고 그들의 결혼은 무효가 되었다. 몇 주 후 헨리는 앤의 시녀 중 하나였던 제인 시모어^{Jane Seymour}와 결혼했다. 하지만 제인은 훗날 에드워드 6세가 될 아들을 낳은 지 며칠 만에 사망했다. 정치적 이유로 선택한 헨리의 새로운 아내는 게르만의 공주인 클레베의 안네^{Anne of Cleves}였다. 전해지는 일화에 의하면 헨리는 그녀의 외모에 너무 실망한 나머지 '플랑드르의 암말'이라고 불렀다고 한다. 그들의 결혼은 6개월 후인 1540년 7월에 무효화되었지만 그녀는 파경에 반대하지 않았고 오히려 후한 재산까지 받고 왕의 여동생이라는 신분을 받고 헨리와 좋은 사이를 유지했다.

1540년 7월 헨리는 캐서린 하워드^{Catherine Howard}와 결혼했지만 이듬해 11월 토카스 클페퍼와의 간통죄가 발각되어 1542년 2월에 참수시켰다. 헨리의 마지막 아내는 두 번이나 과부가 되었던 캐서린 파^{Catherine Parr}였다. 영국의 법원과 궁정에 평화와 안정을 되찾아줄 것이라는 기대를 받았던 파는 1547년 헨리가 사망하자 곧 다른 남자의 아내가 되었고, 1548년 9월에 아이를 낳은 후 합병증으로 사망했다.

연상작용

헨리의 여섯 아내들의 운명을 기억시키는 연상법은 '이혼, 참수형, 사망, 이혼, 참수형, 생존'이라는 짧은 라임이다. 실제로 그 당시에는 이혼을 할 수 없었기 때문에 헨리의 네 아내는 이혼이 아니라 혼인무효였다. 여섯 아내의 이름은 몇 대에 걸쳐 영국 초등학생들 사이에서 기억력 테스트로 이용되었는데 특히 캐서린(K/C 포함)이 많다. 다음은 도움이 될 만한 연상법 중 하나이다.

Arrogant	Anne	Seemed More	Clever	At How to	Catch The Ring
아라곤의 캐서린	앤 불린	제인 시모어	클레베의 앤	캐서린 하워드	캐서린 파

6

6일 전쟁

　1967년에 일어난 6일 전쟁은 이스라엘과 이집트, 요르단, 시리아, 팔레스타인 등 이웃 아랍 국가들 간에 벌어진 물리적 충돌이었다. 갈등의 뿌리는 이스라엘과 이웃 국가들, 그 이웃 국가들 간, 또 라이벌 관계였던 초강대국 미국과 소련과의 긴장상태라는 복잡한 상황에 있었다.

　1956년 수에즈 위기 때 영불의 지원을 받은 이스라엘이 이집트의 시나이 반도를 점령하자 국제사회에서는 이스라엘에 대한 철수 요구가 빗발쳤다. 이듬해 이스라엘이 시나이 반도에서 철수하면서 UN평화유지군은 이스라엘 해안을 보호한다는 명목으로 티란 해협을 통해 접근했다.

　초기의 반짝했던 인기가 사라진 후 이집트 대통령 가말 압둘 나세르의 위신은 추락했고 시리아와의 짧았던 연합도 깨졌다. 또 이스라엘에 취약하다는 인식이 박히면서 아랍 세계에서 체면을 잃었다. 이집트는 미국의 지원을 잃은 대신 소련을 등에 업은 의존국이 되었다. 한편 요르단 내 팔레스타인들의 공격적인 시위로 나라 전체는 불안정해졌고 이스라엘에 대한 보복을 목표로 삼게 되었다.

　1966년 요르단 내 팔레스타인들은 국경 너머로 공격을 시작했다. 1967년 이 지역의 긴장상태는 이스라엘 국경 지대에 시리아인들이 동원됐다는 거짓보고로 인해 매우 심각해졌다. 5월, 나세르가 UN평화유지군에게 시나이 반도 철수를 요구하고 티란 해협에서 이스라엘 선박을 봉쇄한다고 선언하면서 티핑 포인트에 이르렀다. 이에 전쟁이 불가피하다고 확신한 이스라엘이 선제공격에 나섰다.

6월 5일, 현대 전쟁사에서 가장 파괴적이면서 성공적인 군사작전이 시작되었고 전세는 세 시간 만에 판가름났다. 이집트 공군이 매일 오전 7시에 아침을 먹기 위해 귀환한다는 정보를 입수한 이스라엘은 이집트와 요르단, 시리아의 공군을 공습했다. 불과 몇 시간 만에 이집트 항공기지 117곳이 모두 공격당했고 300대의 전투기가 현장에서 파괴되었다. 요르단 공군은 완전히 전멸했고 시리아 공군은 심각한 손상을 입었다.

공중엄호를 받지 못하는 기갑부대는 방어가 불가능했다. 이스라엘은 제일 먼저 이집트를 공격해 6월 6일에 가자 지구를 함락하고 시나이 반도로 진군했다. 이들은 이집트의 일곱 사단을 궤멸시키고 1만 5,000 명을 사살한 끝에 6월 9일 수에즈 운하에 도착한다. 요르단 군은 더 빨리 패배해서 6월 7일 웨스트 뱅크와 예루살렘의 구도시를 내주었다. 이집트와 요르단이 UN의 휴전 요구를 즉시 받아들인 덕분에 군대를 시리아 쪽으로 집중시킬 수 있었던 이스라엘은 국경 부근의 골란 고원을 빼앗고 다마스쿠스까지 진군했다. 6월 10일 시리아는 휴전을 받아들였다.

이 갑작스러운 승리로 이스라엘에는 수많은 점령지와 수십만 명의 이주민이 생겼고 이웃 국가에서는 팔레스타인 난민 위기가 심각해졌다. 이집트 경제는 황폐화되었고 나세르는 대통령직에서 사임했다. 소련은 이집트 지원을 강화했지만, 미국은 6일 전쟁을 통해서 중동 지역에 대한 소련의 영향력에서 이스라엘이 강력한 방어벽이 될 수 있다고 확신하고 무기와 돈을 쏟아 붓기 시작했다. 그리고 미국과 이스라엘 간의 특별한 관계가 단단히 자리 잡기 시작했다.

▼ 이스라엘 군은 해상과 육지 등 몇몇 전선에서 싸웠지만 결정적인 성공요인은 공중전 덕분이었다.

7

정화의 원정

　정화는 중국 명나라 때 유력한 조신이 된 무슬림 환관이다. 그는 함대를 이끌며 인도양 주변을 모험하고 무역거래와 탐험에 착수하는 등 강력한 수많은 임무를 부여받았다. 1405년부터 1433년까지 일곱 차례나 대원정에 출정했던 그는 중국으로 돌아오는 길에 사망했다.

　윈난 성에 포로로 잡혀 있던 정화(본명 마혜)는 훗날 영락제가 된 황자 주체朱棣의 군사 중에 뛰어난 실력을 드러내면서 환관으로 고용되었다. 그 후 마혜는 정난의 변에서 공을 세워 '정'이라는 성을 하사받았다. 야망이 큰 확장주의자이자 국제주의자였던 영락제는 300척의 선단과 2만 5,000명의 인원을 준비하고 감독하는 일을 정화에게 맡겼다.

　1405~1407년에 했던 첫 번째 원정에서는 자바 섬, 수마트라 섬, 스리랑카를 방문하면서 인도의 말라바르 해안까지 도달했고 말라카 해협에서는 해적들과 전투를 벌였다. 1407~1409년 두 번째 원정 때는 태국과 인도를 방문했다. 1409~1411년 세 번째 원정 때는 아시아의 동남쪽과 인도의 서남부, 스리랑카를 순회했다. 1413~1415년 네 번째이자 대원정 때는 인도 남부의 캘리컷을 방문했고 페르시아 만의 호르무즈까지 이르렀으며 소말리아의 모가디슈와 케냐의 말린디까지 동아프리카를 탐사하기 위해 선단을 보냈다.

　중국으로 돌아올 때 수많은 사절들이 함께 왔기 때문에 그들을 본국에 돌려보내기 위해 1417~1419년에 다섯 번째 원정대가 파견되어 또다시 먼 동아프리카까지 모험했다. 1421~1422년의 여섯 번째 원정 때는 다시 소말리 해변에 도착했지만, 영락제가 경제적, 군사적인 복잡한

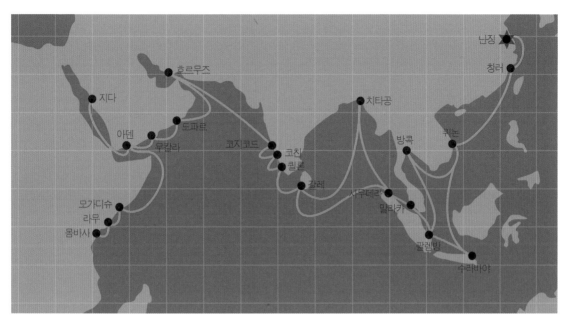

▲ 정화의 사령선은 인도네시아 남부에서 동아프리카의 홍해까지 인도양 구석구석을 방문했지만 그의 함대가 따라간 정확한 다른 루트는 밝혀지지 않았다.

문제로 큰 곤경에 처했기 때문에 중국으로 돌아와야 했고 다음 통치자인 선덕제가 취임할 때까지 떠나지 못했다. 1431~1433년 정화는 일곱 번째이자 마지막 원정을 나서게 된다. 죽음을 향한 여정이었다.

구름처럼 항해하다

정화의 선단이 이룬 업적과 항해는 놀라울 정도였다. 예를 들어 네 번째 선단은 길이가 최대 80m나 되어 큰 배가 63척이나 실릴 만큼 컸다. '우리의 항해는 마치 구름처럼 드높이 펼쳐졌다.' 정화의 항해에 대한 당시의 기록은 이렇게 자랑하고 있다. '그들의 일정은 별만큼이나 빠르게 밤낮을 달렸고, 공공도로에 발을 내딛듯이 야만적인 파도를 가로질렀다…. 우리는 망망대해에서 하늘 높이 치솟은 산처럼 거대한 파도를 보았고, 머나먼 이국에 사는 야만인들을 목격했다….'

정화의 사망 이후 명나라는 고립정책을 취했기 때문에 그의 일지들은 불태워졌고 해양무역도 불법화되었다. 중국의 부재로 공백상태가 된 공해상은 곧 유럽인들이 자리를 메웠다

7

키볼라의 도시

키볼라의 일곱 도시는 16세기의 스페인 탐험가들 사이에서 막대한 부를 가져다줄 것이라는 믿음이 있었던 전설 속의 기독교 왕국이다. 탐험가들은 남아메리카에 엘도라도가 있듯이 북아메리카에도 내륙 깊숙이 키볼라가 감춰져 있을 것이라고 생각했다. 전설은 잔학행위와 발견이라는 놀라운 위업에 고취된 유럽인들이 아틀란티스와 신세계의 변경을 탐험하면서 더욱 발전했다

축복받은 섬

그리스 로마 시대 이래 숨겨진 환상의 땅이자 섬으로 믿어온 아틀란티스는 축복받은 섬, 하이브라질, 안틸리아 등 다양한 이름으로 알려졌다. 이 전설은 무어인이 이베리아를 점령한 이후 이베리아 전통과 혼합되어, '일곱 명의 주교와 추종자들이 바다를 건너 서쪽으로 항해한 끝에 새로운 땅에 정착해 번성한 일곱 도시국가연합을 세웠다'라는 부와 기품이 넘치는 기독교적 유토피아로 묘사되었다.

사람들은 황금으로 덮인 이 일곱 도시가 안틸리아 섬에 있을 것으로 추측했고, 광대한 땅은 아틀란티스 지도에 일상적으로 묘사되었다. 선원들이 섬을 목격했다는 믿을 수 없는 이야기들과 정박해보니 해변 모래의 3분의 2가 사금이었다는 선장의 경험담도 전설 중 하나였다. 콜럼버스는 배를 타고 인도로 향하다 보면 안틸리아에서 도착할 것이라고 기대했다

검은 스테판

아틀란티스 탐사에서 일곱 개의 황금 도시는 흔적도 없다는 사실이 밝혀졌지만 서인도 제도의 이름은 앤틸리스 제도에서 붙였다. 대신 이 전설적인 허니팟의 위치는, 1528년 북아메리카 내륙으로 원정을 떠났다가 끝내주는 인디언 도시가 있다는 이야기를 들고 오면서 서쪽으로 변경되었다. 생존자 중 한 명인 무어인 노예 에스테바니코(영어 이름의 스페인식 이름. 그래서 검은 스테판이라고도 알려졌다)는 북미 대륙 역사의 일부분을 담당했던, 최초로 '이름을 가진' 아프리카계 미국인이었다. 언어와 약학에 재능이 있었던 에스테바니코는 아메리카 원주민 부족들 사이에서 치료자로 알려졌다. 그는 탐험여행의 선구자 역할 - 스페인의 정복지 탐색과 '약탈' - 을 하면서 탐험 내내 원정대가 따라갈 수 있도록 흔적과 인디언들의 거대한 일곱 도시에 관한 메시지를 남겼는데, 그 중 가장 크고 부유한 도시가 키볼라였다.

43

황금을 꿈꾸다

전설의 도시 세떼 시다데스가 존재한다고 여긴 스페인인들은 조사 - 와 약탈 - 를 위해서 또 다른 더 큰 탐험을 시작했다. 프란시스코 바스케스 코로나도가 인솔한 이 유명한 탐험대는 그랜드 캐니언과 머나먼 캔자스까지 도달했지만 코로나도가 생각했던 황금의 꿈은 무참히 깨지고 말았다. 인디언이 말한 '굉장한 도시'가 주니족의 푸에블로부족과 다른 '푸에블로족'이 흙벽돌로 지은 복합 구조물이라는 사실이 밝혀진 것이다. 아마도 언뜻 황금색으로 반짝거린 것은 흙벽돌 사이에 들어가 있는 지푸라기가 햇빛을 받았기 때문이었을 것이다. 푸에블로족에게 스페인인들과의 접촉은 끔찍한 재앙이었다. 스페인인들은 그들을 잔인하게 다루다가 몇 년 사이에 완전히 몰살시켜버렸기 때문이다.

▼ 정복자가 되고 싶었던 코로나도는 토착민 안내자를 동반하고 아메리카 대륙의 중서부 지역을 탐험했다.

7

민주당 전당대회 폭동으로 체포된
시카고 평화시위자

　시카고 7인, 원래는 시카고 8인은 1968년 시카고에서 열린 민주당 전당대회를 둘러싸고 벌어진 폭력의 여파로 폭동을 일으켰다는 음모로 기소된 평화시위자와 반체제인사 그룹을 말한다. 처음에 기소된 8명은 레니 데이비스Rennie Davis, 데이빗 델린저David Dellinger, 존 프로아니스John Froines, 톰 헤이든Tom Hayden, 애비 호프먼Abbie Hoffman, 제리 루빈Jerry Rubin, 바비 실Bobby Seale, 리 와이너Lee Weiner였다. 그중 바비 실은 지엽적으로 전당대회 시위에만 관여하는 조직 흑표범당Black Panthers의 공동창설자로 법정에서 소란을 일으켰다가 판사에게 재갈과 결박을 명령받는다. 이 드라마틱한 사건으로 법정 모독으로 4년을 선고받으면서 그를 제외한 나머지 피고 7인의 재판만 진행되었다.

　이 사건은 기득권층이 60년대의 반문화운동 자체를 재판에 회부한 것으로 인식되었다(특히 나중에 민주당 전당대회 폭동을 연방 위원회가 '경찰폭동'이라고 표현한 것을 고려한다면). 애비 호프먼 등의 피고는 재판을 이념적으로 주목받을 수 있는 도발적인 퍼포먼스 예술무대로 이용했다. 피고측은 시인 앨런 긴즈버그, 포크송 가수 피트 시거, 소설가 노먼 에일러를 비롯해서 반체제문화 성격을 가진 유색출연자들을 증인으로 세웠다.

　판사는 피고측이 배심원을 선택할 수 있는 공정한 기회를 주지 않았고, 그 결과 7명 중 5명이 유죄를 선고받았다. 그들과 변호인단은 총 175건의 법정모독죄에서 유죄가 선고되었으며 가혹한 판결을 받았다. 하지만 평결과 대부분의 법정모독죄는 항소심에서 번복되었다.

7

최초의 세계전쟁 기간

북아메리카 전역에서 벌어진 프렌치-인디언 전쟁으로 알려진 7년 전쟁은 유럽 열강들이 대거 끼어들어 퀘벡에서 인도까지 지구를 가로질러 격렬하게 싸운 최초의 세계전쟁이라고 할 수 있다. 이 전쟁으로 다음 한 세기 반 동안 프러시아는 유럽의 대세이자 독일을 이끄는 주도세력의 위치를 확고히 했고, 영국은 세계적인 제국으로서 초강대국이 될 운명이라는 것을 입증했다.

외교혁명

전쟁의 원인은 영국과 프랑스 부르봉 왕조 간에 진행되던 갈등에 있었다. 프랑스는 유럽에서 가장 막강한 힘을 가진 나라였고, 영국은 바다 너머에 식민지를 확장하면서도 그 야욕이 한계에 부딪칠 것을 우려하던 중이었다. 1755년 양국 군대가 북아메리카에서 격돌하면서 전쟁의 기운이 감돌기 시작했다.

1756년 영국왕 조지 2세^{George Ⅱ}는 독일 하노버 주에 영토를 소유하고 있었다. 프랑스가 하노버 주를 공격할 것이 염려된 그는 프러시아의 프리드리히 2세^{Frederick Ⅱ}와 협정을 맺었다. 이 협정으로 오스트리아와 프랑스 사이에 진행 중이던 회담의 결론이 앞당겨지면서 1756년 오스트리아와 프랑스는 '외교혁명'이라고 알려진 동맹을 맺게 된다. 여기에 러시아와 스웨덴, 그 밖의 다른 나라들도 합류했다.

독일을 아슬아슬하게 둘러싼 나라들의 동맹을 눈치챈 프리드리히 2세는 그 영향에서 벗어나기 위해 선수를 쳐서 1756년에 작센을 공격했다. 군사전략상 공격과 결단력을 중요하게 생각했기 때문이다. 이듬해 프러시아는 보헤미아를 침략했지만 오스트리아군에게 격퇴당했다.

프리드리히 2세는 내선 작전을 효과적으로 이용해 일단 군대를 하나의 적에게 집중시킨 다음 다른 적을 상대하는 식으로 1757년 11월에 로스바흐 전투에서는 프랑스군에, 12월 로이텐 전투에서는 오스트리아에 큰 승리를 거두었다. 1758년 유혈이 낭자했던 전투에서 러시아는 프러시아의 침략을 간신히 막아냈다.

영국에서는 윌리엄 대☆ 피트 William Pitt the Elder가 수상이 되었다. 그는 해군과 원정부대와 지역 민병대가 바다 너머 유럽 대륙에서 전쟁을 하는 동안 프랑스에 맞서 싸우는 용병에 대한 재정지원 정책을 채택했다.

1758년과 1759년 유럽에서 영국 용병이 크게 승리한 반면 프리드리히 2세는 오스트리아, 러시아와의 전투로 엄청난 사상자를 내며 고통을 겪었다. 그러나 1760년 10월 러시아 군을 베를린 밖으로 쫓아내고 11월에는 토르가우 전투에서 오스트리아를 상대로 값비싼 승리를 얻었다. 하지만 1761년 윌리엄 피트가 힘을 잃고 보조금이 고갈되자 프리드리히 2세의 상황은 악화되었다.

▲ 비록 프러시아를 통한 대리전이었지만 윌리엄 피트의 강경정책은 영국이 바다와 육지에서 프랑스와 대전을 벌인 것으로 본다.

전 세계에서

한편 영국 해군은 1759년 8월 포르투갈의 라고스와 11월에 브리타니의 키브롱만 해전에서 프랑스 함대를 맹공격함으로써 프랑스의 침략계획을 좌절시켰다. 또한 프랑스를 상대로 퀘벡(1759년)과 몬트리올(1760)에서 중요한 의미가 담긴 승리를 거두었을 뿐만 아니라 세계 곳곳에서 식민지 전초기지들을 함락시켰다. 이로써 캐나다의 지배권이 영국에 넘어가면서 북미에서는 프랑스 주둔군의 방어가 불가능해졌다. 또 1761년 인도의 퐁디셰리에서는 프랑스가 완전히 축출되어 영국의 동인도회사에게 길을 터주면서 아대륙 전체에 영향력을 확장시키는 기반이 된다. 부르봉 왕가가 통치하던 스페인이 1761년 프랑스 편에서 전쟁에 참가하자 영국은 지브롤터, 마닐라, 쿠바를 빼앗았다가 후일 플로리다와 교환한다. 또한 그라나다, 마르티니크, 과달루프 섬을 점령했고 서아프리카에서 프랑스의 본거지를 빼앗았다.

프리드리히 2세에게 유럽 상황은 암울했지만 1762년 그를 죽음의 위기로 몰아넣었던 숙적 러시아의 엘리자베타 여제^{Elizabeta}에게 구원을 받았다. 엘리자베타 여제의 후계자 표트르 3세^{Peter Ⅲ}는 프리드리히 2세와 프러시아의 열렬한 신봉자였다. 그래서 러시아가 점령한 모든 지역을 프러시아에 양도하는 평화조약에 즉각적으로 동의했다. 표트르 3세는 곧 암살당했지만 그때까지 프러시아에 대한 위협은 지나갔다. 오스트리아와 러시아, 프랑스에서 각각 30만 명이, 프러시아는 50만 명이 사망하는 등 엄청난 인명이 손실되고 재정이 고갈되었다.

1763년 전쟁에 지친 정권은 후베르투스부르크와 파리에서 평화조약을 맺었다. 조약 결과 프러시아는 후일 경제력을 회복하는 중요한 열쇠가 될 부유한 슐레지엔 영토를 얻은 것 외에 대부분 전쟁 전 상황으로 돌아갔고, 영국은 세계의 패권을 장악할 수 있는 중요한 거점이 될 일련의 영토를 얻었다.

영국의 제해권이 공고해지면서 제국은 급격히 확장되기 시작했다. 미국 식민지에서 프랑스의 위협이 소멸되면서 영국과 관련된 공통의 적도 식민지에 대한 관심도 사라졌다. 그리하여 프랑스 혁명과 미국 독립으로 이어지는 사건들의 수레바퀴가 굴러가기 시작했다.

▼ 벤자민 웨스트(Benjamin West)의 '울프 장군의 죽음'은 1759년 9월에 벌어진 퀘벡 전투에서 18세기 위대한 영국 군인들의 마지막 순간을 묘사하고 있다.

9

십자군 전쟁

1054년 그리스도교 대분열이 일어나 동방정교회와 가톨릭교회로 분리되었고, 1071년에는 쇠약해진 비잔틴제국을 침략했던 셀주크 투르크가 예루살렘을 점령했다. 유럽에서는 전사귀족계급이 끊임없는 내전에 참여하는 동안 인구가 증가하고 경제적으로 번영을 이루고 있었다. 우르바노 2세$^{Urban II}$는 유럽 봉건제도의 에너지를 원정으로 돌리면 동로마제국을 다시 로마의 보호 아래로 둘 수 있을 것이라고 판단하고, 1095년 클레르몽 공의회에서 많은 프랑스인 청중들 앞에서 새로운 성전, 또는 십자군 원정을 일으키도록 호소했다.

첫 번째 십자군 원정

새로운 모험에 대한 엄청난 열광에는 종교적 열정도 어느 정도 존재했겠지만 경제적·정치적 이유가 컸다. 즉 새로운 땅과 보물을 차지하고 무역루트를 장악하고 면죄부를 제공받기 위해서였다. 첫 번째 부름에 응답한 소작농 무리가 잡다하게 섞인 극빈자 십자군은 순식간에 죽음과 노예화라는 비극으로 막을 내렸다. 다른 나라들은 적대적이고 무관심하거나 바빴지만, 프랑스와 로렌 지방의 기사들은 매우 조직화되어 있었다. 이들은 부용의 고드프루아^{Godfrey}와 보두앵 1세^{Baldwin}, 툴루즈의

▼ 십자군 원정 연대표이다. 일부 중요하지 않은 군사력 동원은 평가 방법에 따라 연도가 달라질 수 있다.

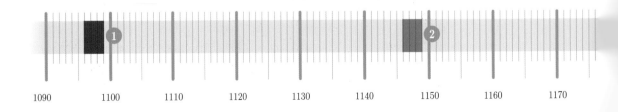

1090   1100   1110   1120   1130   1140   1150   1160   1170

레이몽 백작Count Raymond, 오트란트의 보에몽 1세Bohemund가 이끄는 세 그룹으로 나뉘어 첫 번째 십자군 원정을 시작했다.

이들 십자군은 근동 지방의 무슬림 군대가 무거운 갑옷을 입은 기사들과의 낯선 전투에 대처하느라 혼란에 빠지는 바람에 일련의 승리를 거두었다. 1097년 그

들은 니케아의 수도 셀주크 룸을 차지하고 에데사를 정복, 1098년 긴 공성전 끝에 안티오크를 장악했으며 1099년에는 마침내 예루살렘까지 함락시켰다. 이때 예루살렘 왕국, 트리폴리 백작령, 에데사 백작령, 안티오크 공국 등 네 곳에 십자군 왕국이 세워졌고, 간호단과 템플기사단원 등 새로운 기사단이 십자군의 군사력을 지원했다.

49

▲ 14세기 필사본의 축소판에서 보이는 세부 묘사. 프랑스의 필리프 2세는 3차 십자군 원정 당시 성지에 상륙했음을 보여준다.

장기 왕조의 부흥

이후 십자군 조직운동은 12세기 초반까지 이들 왕국을 확장시키고 강화하는 데 도움이 되었지만, 1144년 모술에서 태동한 장기 왕조가 에데사를 점령했다. 이로 인해 1147년 독일의 콘라트 3세Conrad III와 프랑스의 루이 7세Louis VII의 지휘하에 2차 십자군 원정이 시작됐지만 참혹하게 실패했다. 두 왕은 성지로 가는 도중에 대부분의 군대를 잃었고 장기를 공격하는 대신 다마스쿠스의 뷰리드 왕조를 공격했는데, 뷰리드는 십자군에게 유일하게 우호적이었던 이슬람 국가였다. 공성전은 실패했고 2차 십자군은 아무런 성과 없이 끝이 났다. 장기 왕조의 부흥은 계속되었고 십자군 왕국은 가차 없이 축소되었다.

1180년대 장기 왕조의 통치자 살라딘이 제각각이던 무슬림 국가를

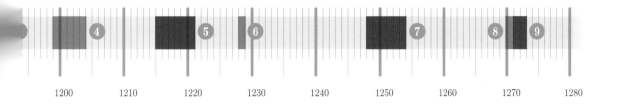

1200   1210   1220   1230   1240   1250   1260   1270   1280

그의 깃발 아래 연합하기 시작했다. 예루살렘의 문둥병왕 보두앵 4세와는 불안한 휴전 상태가 유지되었지만 보두앵 4세가 사망하자 전쟁이 재개되었고 1187년 하틴의 뿔에서 십자군은 참담하게 패배했다. 살라딘이 우트르메르('바다 건너편'의 왕국)의 몇몇 도시국가를 제외하고 아크레와 예루살렘을 즉시 탈환한 것은 두말할 필요도 없을 것이다

라틴 제국

예루살렘의 함락은 1190년 영국의 사자왕 리처드와 프랑스의 필리프 2세 오귀스트Philip II Augustus가 이끄는 3차 십자군을 촉발시켰다. 독일의 프리드리히 바르바로사Frederick Barbarossa 황제는 터키를 지나는 도중에 익사했다. 사자왕 리처드Richard는 성지에서 벌어진 전투에서 진 적이 없지만 예루살렘을 탈환하지도 못했다. 그는 아크레 재정복을 도왔고(그런 후에 십자군은 대부분의 인구를 학살했다) 비잔틴에게서 사이프러스를 탈취해 템플기사단에게 팔아넘겼다.

템플기사단은 사이프러스 섬을 우트르메르에 있는 기독교 주둔군을 위한 기지 중 하나로 이용했다. 현재 우트르메르는 안티오크와 트리폴리(지금은 레바논의 도시)와 함께 튀루스에서 야파까지 얇고 긴 해안선으로 제한되어 있다. 3차 십자군 원정의 실패로 1199년 교황 이노센트 3세Innocent III는 끔찍한 결과를 불러일으킬 4차 십자군을 선언할 수밖에 없었다. 하지만 이들은 이슬람을 공격하는 대신 1204년 콘스탄티노플을 점령하고 약탈하는 끔찍한 일을 저질렀고, 비잔틴 제국의 도시를 빼앗아 한동안 라틴 제국을 세우기도 했다. 이로 인해 비잔틴 제국은 처참하게 약해졌다.

십자군 운동의 목적이 성지에만 있는 것은 아니었다. 1208년 교황 이노센트 3세는 프랑스 남부에서 벌어지는 이단, 순결파 신자로 알려진 알비주아파에 반대를 선언했다. 알비 십자군은 순결파신자를 전멸시켜 프랑스 왕이 남프랑스까지 영향력을 확장할 수 있도록 도왔고 마침내 1229년 툴루즈가 이양되었다.

실패한 서사시

1212년 소년 십자군은 대부분의 참가자가 죽거나 노예화되는 비극으로 막을 내렸다. 1215년에 전개된 5차 십자군의 목표는 이집트였다. 하지만 어리석게도 예루살렘을 그들에게 넘기겠다는 조약을 거절하고는 1221년 빈손으로 떠났다.

1229년 6차 십자군 원정 판단을 내린 독일의 황제 프리드리히 2세^{Frederick II}는 그런 실수를 저지르지도 않았고 어떤 전투도 없이 이집트의 술탄과 예루살렘을 기독교인에게 반환하겠다는 조약을 맺었다. 하지만 1244년에 이 조약은 수포로 돌아갔다. 1248년 프랑스의 루이 9세가 십자군에 참가해 7차 십자군(나바라의 테오발도 2세^{Teobaldo II}의 초기 활동을 넣는다면 8차 십자군)을 시작했다. 그의 군대는 다미에타를 함락시켰지만 1250년에 몰살당했고 그는 사로잡혀 몸값을 지불해야 했다.

1260년경 근동 지방에서는 현저한 세력을 보이기 시작한 이집트의 맘루크 왕조가 마지막 근거지에서 십자군을 축출하고자 했다. 루이 9세^{Louis IX}가 이끈 8차 십자군은 훨씬 더 끔찍하게 종결되었다. 그는 레반트로 돌아오지 못한 채 1270년 튀니지에서 사망했다. 1271년 9차이자 마지막 십자군 원정을 이끈 영국의 에드워드 플랜태저넷^{Edward Plantagenet}은 맘루크 왕조에게서 아크레를 방어하는 데 성공했지만, 왕위에 오르기 위해 이듬해에 고향으로 돌아가야 했다. 그가 협상한 조약은 만기되었고 1291년 마지막까지 성지에 십자군의 발판으로 남아 있던 베이루트에 뒤이어 아크레가 함락되었다.

맘루크 왕조는 십자군 운동의 싹을 자르기 위해서 그 지역을 황폐화시켰고 유럽은 레반트를 모험할 의욕을 상실했다. 대신 발칸을 탈환하고 콘스탄티노플로 진군할 때까지 오스만튀르크에 힘이 집중되었다. 이렇게 가차 없는 실패에도 불구하고 유럽은 십자군운동을 통해 타문화와 접촉하면서 동양에서 수많은 기술적 문화적 영향을 받아 점차 발전할 수 있었다.

▼ 1835년에 레싱(Karl Friedrich Lessing)이 그린 '최후의 십자군'. 늙은 템플기사단이 지친 몸을 이끌고 성지에서 고향으로 돌아가고 있다.

9

템플기사단을 조직한 기사들

1118년 프랑스 귀족 위그 드 파앵^{Hugues de Payens}과 여덟 명의 동료들은 지중해의 야파에서 예루살렘까지 순례여행을 하고 돌아오는 이들을 돕기 위해서 비밀리에 성전 기사단을 조직했다. 교단은 시토회를 모델 삼아 템플산 경내에서 청렴과 순결, 복종을 맹세했고 그래서 이들을 템플기사단이라고 칭했다.

시작은 빈약했지만 템플기사단원은 빠른 속도로 인기와 부를 얻었다. 교황이 세제 면제 특혜를 내린 덕분에 이들은 돈과 땅을 기부하면 유럽 전역에 재산을 소유할 수 있었다. 또 성지에서 오가는 돈과 사람을 관리하기 위해서 은행업무와 해상 운송서비스가 발달했다. 1,000여 명이었던 형제단은 1170년경에 사병이 1만여 명이나 될 만큼 증가했다. 템플기사단원은 우트르메르에서 주요 군사 조직 중 하나가 되었고 다른 곳에서도 권력을 얻었다.

프랑스의 공정왕 필리프 4세^{Philip Ⅳ}는 교묘한 술책으로 그들을 무력화시키면서 십자군 왕국에서 템플단원의 권한과 자원을 약화시켰다. 교황을 압박한 필리프 4세는 1307년 10일 13일 금요일 교단을 급습해 프랑스 내의 모든 템플기사단원을 체포했다. 그들은 템플기사단원을 이단, 성범죄, 초자연적 죄, 악마숭배 등을 비롯해 다양한 죄목으로 기소했고 그중 60여 명을 처형시켰다. 결국 1312년 교황 클레멘스 5세^{Clement V}는 교단을 와해시켰다.

후일 프리메이슨이 이들의 이미지와 부호를 차용하면서 템플기사단은 음모론과 대체역사의 중심에 자리 잡기 시작했다.

9

귀로 가득 채운 9개의 자루

1241년 폴란드의 리그나츠 전투(현재의 레그니차)에서 몽골부대가 슐레지아의 백작 헨리 2세의 군대를 격멸했다. 이 몽골부대는 징기스칸의 손자이자 황금군단(킵차크한국)의 통솔자인 바투 장군이 유럽 땅을 황폐화시키고 정복하기 위해서 보낸 대군의 일부였다. 바투 장군은 몽골의 주력부대가 모히 전투에서 헝가리인들을 격파하는 동안 바이다르와 카이두 장군의 휘하에 2만여 명의 소규모 기마부대를 북쪽으로 보내 폴란드에서 올 증강병력을 차단시켰다.

1241년 3월 초부터 몽골군은 크라쿠프와 츠미엘니크에서 폴란드군을 패배시키면서 폴란드 전역에 파괴의 흔적을 남겼다. 그들은 뛰어난 지략을 발휘해 보헤미아에서 온 큰 군대와 폴란드에서 가장 막강한 군주 헨리 2세가 연합하기 전에 차단했다. 리그나츠 전투에서 3만 명의 강력한 병력을 규합한 헨리는 몽골군(유럽에서는 '타타르'로 알려졌다)에 맞서기 위해 앞장섰다.

몽골의 기마부대는 무거운 갑옷을 입은 기사들과 전투에서 직접 맞서 싸울 수 없다는 것을 알았다. 그래서 거짓으로 패배한 척 후퇴하며 보병대의 비호에서 기사들을 유인한 후 멀리서 화살을 퍼부었고 연막 등의 폭발물도 이용했다.

예상대로 헨리의 군대는 함정에 빠져 완패하고 말았다. 당시 연대기에는 '타타르는 정확한 사망자 수를 알기 위해서 시신의 한쪽 귀를 잘라내어 거대한 아홉 자루에 가득 찰 정도로 채웠다'라고 기록되어 있다.

9/11

테러리스트가 미국을 공격하다

2001년 9월 11일 테러리스트들이 여객기를 공중 납치해 워싱턴 D.C.의 펜타곤과 뉴욕의 월드트레이드센터 타워로 돌진하는 테러 사건이 있었다. 네 번째 비행기는 납치범에게서 비행기를 되찾으려는 승객들과의 사투 끝에 필라델피아의 생크스빌 들판에 추락했다. 3,000여 명의 사망자를 비롯해 진주만 때보다 더 많은 인명을 잃었지만 그 충격과 결과 때문에 이 테러는 흔히 1941년의 진주만 공습과 비교되곤 한다. 두 사건 모두 정부에서 기밀정보에 좀 더 주의를 기울였어야 했다는 증거가 있었고, 여러 면에서 대단히 파괴적인 전쟁이 야기되었기 때문이다.

공격을 주도한 것은 사우디 국적의 오사마 빈 라덴이 이끄는 테러 조직 알 카에다였다. 빈 라덴은 미국과 이해관계가 있는 레바논, 소말리아, 예멘에서 행한 이전의 테러에서 얻은 경험상 미국은 철수를 하거나 최악의 경우 효력이 없는 크루즈미사일 공격을 할 것이라고 생각했다. 탈레반 정권에 동조하는 아프가니스탄에 피난처를 확보한 빈 라덴은 쿠웨이티 칼리드 셰이크 모하메드가 세운 '비행기를 공중납치해서 건물로 돌진한다'라는 음모를 실행하기로 한다.

알 카에다는 음모의 작전상 지도자가 될 모하메드 아타 같은 공격적인 인물을 모집하여 자금 제공과 훈련을 통해 조직화시켰다. 아타를 비롯한 몇몇 핵심 테러리스트들은 서구에서 교육을 받아 급진화되었지만 그만큼 국경을 넘어서 자연스럽게 어울리는 데 능숙했다. 함부르크에서 만난 아타와 그의 그룹은 1999년 지하드 훈련을 받기 위해 아프가니스탄으로 건너갔고 즉시 알 카에다에 선발되었다. 2년 후 그들은 미국으로 건너갔고 일부가 조종사 훈련을 받았다.

미국을 공격하다

9월 11일 아침, 19명의 여객기 납치범들은 네 그룹으로 나누어 보스턴, 워싱턴 D.C., 뉴욕에서 각각 비행기에 탑승했다. 비행용 연료를 가득 채운 서해안행 대형 여객기가 목표였다. 테러범들은 박스커터로 승무원들을 제압하고는 비행기를 납치했다. 오전 8시 45분, 보스턴에서 출발한 아메리칸 항공 11호기가 WTC의 북쪽 타워와 격돌했고, 17분 후 보스턴에서 출발한 유나이티드 항공 175호기가 남쪽 타워를 강타했다. 폭발과 동시에 가득 실려 있던 연료가 맹렬하게 불타오르기 시작했다.

오전 9시 37분, 덜레스 공항에서 출발한 아메리칸 항공 77호기가 워싱턴 D.C. 교외에 있는 펜타곤에 충돌했고 그 충격과 2차 화재로 184명이 사망했다. 오전 10시 3분, 뉴아크발 유나이티드 항공 93호기에 타고 있던 승객들은 항공기의 운명을 예감하고 핸드폰으로 사람들에게 알린 후 조종석을 급습했다. 그 결과 납치범이 조종하던 비행기는 펜실베이니아 벌판에 추락했고 59명의 승객은 모두 사망했다.

이 당시 조지 부시 대통령이 에어포스 원을 타고 이곳저곳을 비행하는 동안 모든 민간항공의 이륙이 금지되었고 영공도 폐쇄되었다. 오전 9시 59분 WTC의 남쪽 타워가 무너졌고 오전 10시 28분 북쪽 타워가 붕괴되었다. 400여 명의 경찰과 소방관을 비롯해 약 2,750명이 끔찍하게 사망했다.

미국 정부는 본국에서 감시하기 위해서 뉴 파워^{new powers}를 도입했고, 알 카에다를 섬멸하기 위해 세계적인 규모의 활동을 시작했다. 미군과 연합군들은 아프가니스탄에서 알 카에다를 숨겨준 탈레반 정권을 실각시켰다. 미국의 잠재적인 적들에게 선제공격할 수 있다는 정책을 선언한 부시 대통령은 2003년에 이라크를 침공했다. 2011년 빈 라덴은 파키스탄의 아보타바드 구내에서 특수부대의 추격 끝에 사살당했다.

▲ (위) 두 번째 비행기가 남쪽 타워에 부딪친다.
(중간) 두 번째 타워의 붕괴 직후
(아래) 타워 중 하나의 흩어진 잔해

10

세계를 뒤흔든 열흘

《세계를 뒤흔든 열흘^{Ten Days That Shook the World}》은 1919년 미국 저널리스트 존 리드^{John Reed}가 1917년 11월 러시아 혁명의 중심이 된 날들에 대해 저술한 책의 제목이다(그 당시 러시아에서는 아직 율리우스력을 쓰고 있었기 때문에 10월 혁명이라고 칭한다). 20세기 초에 러시아에서는 세 번의 혁명이 일어났다. 1905년 제1차 러시아 혁명, 1917년 러시아 2월 혁명, 나머지가 10월 혁명이다. 사람들이 흔히 말하는 러시아 혁명이란 마지막에 일어난 10월 혁명을 의미한다.

1904~1905년의 러일전쟁으로 촉발된 1905년 혁명은 부패와 억압, 황제의 무능한 통치, 끝없이 계속되는 빈곤에 대한 불만이 지속적으로 확산된 현실이 반영된 것이었다. 혁명은 러시아 의회인 두마를 유산으로 남겼다. 하지만 대부분의 국민들에게는 불만이 남아 있었고, 제1차 세계대전의 형편없는 수행이 1917년 러시아를 더욱 혼란에 빠뜨렸다. 2월 혁명을 이끈 군부대 내에서는 식량폭동과 반란이 만연했다. 황제 니콜라스 2세에게 퇴위를 종용하는 동안 의회는 페트로그라트(구 뻬쩨르부르크)에 임시정부를 수립했다. 같은 시기에 페트로그라트의 노동자와 군인들이 노동자의회 또는 소비에트를 설립해 수송과 병력, 커뮤니케이션을 장악했다. 소비에트가 모든 정권을 거머쥐기 전 8개월 동안 임시정부와 소비에트는 불안한 동맹 속에서 정권을 장악했고 그 사이에 소비에트 내에서는 볼셰비키 당의 힘이 강화되었다.

▲ 존 리드가 저술한 《세계를 뒤흔든 열흘》의 재판 서문을 썼던 레닌.

"모든 권력은 소비에트에게!"

1917년 4월, 독일은 블라디미르 레닌의 러시아행을 허락했다. 전쟁에 총력을 기울이는 러시아를 레닌이 유화시킬 수 있을 것으로 예측했기 때문이다. 레닌은 볼셰비키에 활기를 불어넣었고, 그들의 가장 기본적인 요구사항인 '평화, 토지, 빵' '전쟁 종식' '모든 권력은 소비에트에게'라는 구호로 엄청난 지지를 얻었다.

7월의 '실패한 시작' 이후 볼셰비키는 크론시타트에서 적위대 노동자 민병대와 선원들의 도움을 받아 10월 24일(11월 6일) 밤 임시정부 본부인 페트로그라드의 겨울궁을 급습하면서 쿠데타를 실행했다. 볼셰비키는 유라시아 전역에서 소비에트 내의 지배력을 확대시켰고 전신국과 정부 건물을 장악하여 전국적으로 전략상 중요한 우편물을 안전하게 지킬 수 있었다. 10월 25일에 열린 전 러시아소비에트대회에서 트로츠키는 볼셰비키의 라이벌 당파를 퇴장시켰다. 그리고 의회는 레닌을 의장으로 한 볼셰비키정부위원회를 정부로 승인했다. 다음 달 레닌은 독일에게 이미 분리, 독립한 수많은 비러시아 영토를 양도한다는 굴욕적인 평화조약을 맺었다. 그리고 러시아는 내전상태에 빠져들었다.

사건을 직접 목격한 미국의 사회주의 저널리스트 존 리드는 1918년 4월에 미국으로 돌아갔다. 그리고 노트와 기사들을 되찾기 위해 당국의 의심과 오랜 싸움이 끝난 후에야 오늘날 장문의 저널리즘 걸작으로 추앙받는 《세계를 뒤흔든 열흘》을 쓸 수 있었다. 1919년 레닌은 이 책의 재판본에 선문을 썼다. "세계의 노동자들에게 조금도 망설이지 않고 추천한다." 하지만 스탈린 치하에서는 그에 대한 언급보다 혁명의 중심을 트로츠키로 묘사하고 있기 때문인지 금서가 되었다.

▼ 혁명의 한 장면. 페트로그라트의 겨울궁 앞에서 총성이 울리자 시민들이 흩어지고 있다.

12

숨겨진 이맘 알 마흐디

이슬람은 크게 수니와 시아라는 두 가지 전통교리로 나눌 수 있다. 이 두 종파의 분립은 이슬람의 창시자 무함마드의 죽음과 계승권을 둘러싼 논쟁으로까지 거슬러 올라간다. 시아파를 창설한 것은 예언자의 사촌이자 양자인 알리 이븐 아비 탈리브에게서 전해 내려오는 지도자로서의 신성한 자질을 부여받은 이맘을 지지하는 이들이었다.

다수의 시아파는 열한 번째 이맘(예언자의 직속으로 내려오는 열한 번째) 하산 알 아스카리를 신봉했는데, 9세기 후반에 막강한 힘을 가진 수니파들이 그의 가족을 집안에 가두었다. 873년 알 아스카리가 세상을 떠나자 그의 어린 아들 무함마드 마흐디가 열두 번째 이맘이 되었지만 그는 자유를 버리고 은신했다. 이후 시아파 주류에서는 70여 년이 넘도록 마흐디를 이슬람의 메시아 형상으로 지지했다. 마흐디는 941년 세속적인 땅에서 완전히 사라졌다고 하는데, 다수의 시아파 무슬림은 지금도 열두 번째 이맘 마흐디가 재림해 세상에 진실과 정의를 가져올 것이라고 믿고 있다.

▲ 1880년대 영국을 등에 업고 수단을 통치하던 이집트에 대해 마흐디스트 반란을 이끈 지도자 무하마드 아흐마드의 초상화.

숨겨진 이맘 마흐디에 대한 믿음은 역사적으로 중대한 영향을 미쳤다. 16세기 페르시아를 정복한 사파비 왕조의 창시자 샤 이스마일, 앵글로 이집트 수단에서 마흐디스트 반란을 이끌었던 무하마드 아흐마드 등 수많은 인물들이 자신을 마흐디라고 주장했다. 이란에서도 종교 지도자들은 숨겨진 이맘의 대리인으로서 많은 권한을 부여받았다.

18

이페의 브론즈 두상

　이페의 브론즈 두상은 서아프리카 역사에서 가장 널리 알려진 문화적 업적이다. 현재 18점이 알려져 있는 이 아름다운 조각품들은 14세기에 주조된 것으로 추정되지만 11세기의 문화적 전통이 엿보인다. 이 조각들은 유럽의 수많은 금과 이슬람 동전들이 서아프리카에서 생산되던 중세시대 동안 서아프리카 사하라 사막 이남의 일부 지역이 번영을 이루었다는 증거이다. 요루바를 비롯한 여러 왕국과 제국이 이 시기에 문화적, 경제적으로 꽃을 피웠다.

　요루바는 외부인들이 공통어와 공통적인 문화를 향유했던 도시국가 그룹에 붙인 이름으로 오늘날의 나이지리아 지역을 가리킨다. 요루바의 문화적, 정신적 심장부였던 이페는 11세기 중반부터 약 1500년경까지 세련된 도시문화를 선보인 도시국가였다.

　이페의 숲속 왕국은 북쪽으로는 도시국가 가오와 팀북투의 초원으로 가는 무역루트가 이어졌고, 동쪽으로는 카노 등의 하우사 왕국과 카넴—보르누 제국이 있었다. 또 사치품, 사상, 종교 등이 유입된 북아프리카의 이슬람 왕국으로 가는 서아프리카와 더 넓은 세상으로 이어져 있었다. 이페에 살던 1,400명 또는 1,400 집단이 그것들을 만들 만한 브론즈와 비즈와 전통공예 기술이 있었을 만큼 이페에는 부와 권력이 충분했던 것으로 보인다. 이페의 금속 두상 18점이 모두 유사한 스타일인 이유는 같은 작업장, 어쩌면 동일인 – 요루바 기베르티나 요루바 미켈란젤로? – 이 만들었기 때문일 것이다.

▲ 이페 두상은 전통적인 브론즈처럼 묘사되었지만 사실 구리합금으로 만들어진 놋쇠에 더 가깝다.

22

베트남전에서 사망한 미국 전투병의 평균 연령

1985년에 유행한 일렉트로닉 댄스 음악에 의하면 '베트남 전쟁에서 사망한 전투병사의 평균 연령은 19세'라고 하는데 제2차 세계대전 때 미국 전투병의 평균 연령이 스물여섯 살인 것과 상당히 대조적이다. 사실 이 노래에 사용된 표본에 근거한 주장이 정확하다고 할 수는 없다.

정확한 수치도 없고 '전투병'의 개념에 따라서도 다르겠지만, 가장 좋은 자료는 전투지역 사상자 파일인데 수도 워싱턴 D.C.에 있는 베트남전쟁재향군인기념관에 있다. 전투지역 사상자 파일에 의하면 미국보병 전사자의 평균연령은 22세인데, 모든 전투보병 전사자 통계자료를 추정한 것이므로 1985년의 그 노래 가사는 22세로 바뀌어야 할 것이다.

▲ 1965년 8월 3일 베트남의 다낭에서 해군 상륙작전을 하는 동안 어린 해군 이등병이 해변에서 대기하고 있다.

베트남전에서 사망한 미국인 총 5만 8,148명의 출생과 사망 날짜 기록을 보면 평균연령은 23.11세로 제2차 세계대전 당시 미국 전투병의 평균사망연령보다 3살 어린 수치이다. 또한 1만 1,000명 이상의 미군 병사들이 20세도 안 된 나이에 전사했다. 1964년에서 1973년 사이 200만 명 이상의 미군이 베트남에 복무했으며, 1968년에는 절정에 달하면서 미군 병력 수치가 50만 명을 넘었다. 베트남전쟁은 1954년에 시작되어 1975년까지 계속되었다. 1954년 베트남이 프랑스를 몰아내고 인도차이나 전쟁을 종식시켰지만 사이공이 함락될 때까지 북과 남으로 분리된 상태였고 미국의 개입은 1973년에 가서야 종료되었다.

24

스탈린그라드 전투에서
소비에트 이등병의 기대여명(시간)

1942년 6월부터 1943년 1월까지 맹위를 떨친 스탈린그라드 전투는 제2차 세계대전 중 최악이자 역대 가장 끔찍한 전투였을 것이다. 전투원과 민간인을 포함해 총 사망자 수는 약 200만 명에 이른다.

히틀러가 스탈린그라드를 공격한 이유는 북쪽과 우크라이나의 곡창지대에서 카스 산맥의 유전에 이르는 보급선을 끊고 볼가 강의 전략적 요충지를 확보하는 동시에 숙적의 이름을 붙인 도시라는 점에서 중대한 선전 전략이 될 수 있었기 때문이다. 마찬가지 이유로 소련 역시 도시를 지키기 위해 필사적이었다.

초기에 스탈린그라드에 진군한 독일군은 신속했다. 그들은 도시 중심부의 폐허로 둘러싸인 방어시설 속에 숨은 소련군을 교란시켰다. 스탈린은 민간인들에게 거주지 이탈 금지를 명령하고 도시에 최대한 모든 인력을 퍼부었다. 독일은 강가에 포병대를 배치해 제공권의 우위를 장악했다. 도시 중심부로 들어오기 위해서 배를 타야 했던 소련의 증강병력은 독일군에게 포격과 폭탄으로 집중공격을 받았다.

7월에 새로 도착한 소련군 보병의 기대여명은 24시간도 되지 않았고 장교는 3일을 넘기지 못했다. 하지만 이 끔찍한 희생 덕분에 소련은 독일을 저지하고 역공을 위해 군대를 정비할 시간을 벌 수 있었다. 11월의 맹추위 속에서 소련은 우라누스 작전으로 독일군을 포위하는 데 성공한다.

▼ 스탈린그라드에서 겨울 위장전투자세를 취한 병사들. 사상 최악의 전투장면일 것이다.

24

그린란드를 정복하러 나선 배

986년, 아이슬란드에서 24척의 배를 탄 노르웨이 식민지 주민들은 이름이 무색하게도 대부분 거대한 판빙으로 덮인 그린란드^{Greenland}로 향한다. 가장 영리한 마케팅 사례 중 하나가 바로 모험가, 탐험가, 때로는 무법자 붉은 머리 에릭으로도 알려진 에릭 토르발드손^{Eric Thorvaldson}일 것이다.

서기 950년경에 노르웨이에서 태어난 에릭은 아이슬란드로 이주했다. 982년에 3년간 추방을 당한 에릭과 추종자들은 아이슬란드의 서쪽에 존재한다고 알려진 땅을 탐험하며 시간을 보냈다. 에릭이 그린란드라고 이름 지은 것은 아이슬란드보다 목축을 하기에 더 적합하다고 진심으로 믿었기 때문이라는 설이 있다. 정착하기 좋은 땅이라고 여긴 에릭은 아이슬란드로 돌아가자마자 그와 함께 새로운 거주지로 떠날 남녀를 모집했다.

▲ 상당히 시대착오적인 붉은 머리 에릭에 대한 17세기의 묘사. 철이 부족했던 그린란드에서 갑옷 같은 물건은 매우 진귀했을 것이다.

출발할 때 24척이었던 배 중 14척만이 도착했지만, 그들은 번성한 공동체가 퍼져 나갈만한 정착지 두 곳을 찾는 데 성공한다. 이곳에서 5,000명의 인구와 400여 농가로 번성한 그들은 아이슬란드의 어떤 곳보다 더 큰 교구성당을 짓고 지원할 수 있을 만큼 자리를 잡았다. 목재나 철 같은 필수재료는 공급량이 부족했지만, 그린란드 주민들은 노르웨이 선박에 바다코끼리의 상아나 북극곰의 가죽, 일각고래의 상아 등 귀중한 것들을 활발하게 거래했다.

1005년경 에릭이 사망한 지 얼마 지나지 않아 그의 아들 레이프 토르발드손이 뉴펀들랜드(그는 빈란드라고 불렀다)를 발견했다. 그린란드 정착은 15세기 말까지 계속되었다.

24

오스트레일리아에 들여온 야생토끼

1859년 영국의 부농 토머스 오스틴^{Thomas Austin}이 오스트레일리아 교외에 24마리의 야생토끼를 들여왔다. 다른 이들과 마찬가지로 오스틴 역시 오스트레일리아의 생경한 환경에 영국의 취미생활인 사냥과 동물상을 재현하고 싶어 했다. 오스틴 이전부터 토끼와 여우를 들여오기 위한 갖은 시도가 모두 실패로 끝난 것에 반해 빅토리아 절롱에 있는 오스틴의 농장에서는 토끼가 번성했고 얼마 지나지 않아 오스트레일리아는 역사상 가장 폭발적인 도입종의 개체증가를 겪게 되었다.

처음에는 토끼의 폭발적인 증가가 매우 유용해 보였다. 사냥꾼들은 3시간이면 1,200마리의 사냥 실력을 뽐냈고, 토끼고기 통조림과 토끼털 펠트 모자 등 새로운 산업이 개발되었다. 하지만 30년이 지나기도 전에 오스틴의 꿈은 오스트레일리아의 악몽으로 바뀌었다. 토끼는 작물을 파괴했고 자연서식지, 특히 양과 소에게 필요한 목장의 목초지를 황폐화시켰다. 1888년 토끼 구제^{驅除}에 관한 식민지 왕립위원회는 토끼의 개체 수를 감소시킬 수 있는 생물제어제 발명에 막대한 보상금을 내걸었지만 상금의 주인은 나타나지 않았다.

1901년 또 다른 왕립위원회가 토끼의 확산을 막기 위해서 물리적 장벽이라는 개념을 제시했다. 그렇게 탄생한 것이 오스트레일리아를 횡단하는 1,800km에 가까운 토끼 울타리이다. 장점을 뛰어넘는 광범위한 의견충돌에도 불구하고 이 울타리는 오늘날에도 존재한다. 현재는 1,170km 정도로 짧아지고 가뭄 기간 동안 에뮤의 대규모적인 이주를 막기 위해서 쓰이기 때문에 에뮤 울타리라고도 한다.

▼ 1910년에는 토끼의 개체 수는 오스트레일리아의 4분의 3을 덮을 정도였다.

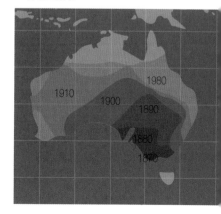

27

넬슨 만델라가 투옥되었던 기간

넬슨 만델라^{Nelson Mandela}는 1963년부터 1990년까지 27년간 투옥되었는데, 그중 18년은 무자비한 제도로 악명 높고 정치사범을 삼엄하게 감시하는 엄중경비교도소인 로빈 섬에 수감되었다. 만델라가 감옥에서 보낸 시간은 그의 정치사상과 인격, 권위를 형성시키는 데 영향을 미쳤고 부당함과 탄압에 저항하는 세계적인 상징으로 변모시켰다. 그의 투옥은 남아프리카의 정치적 탄압의 가장 암흑시기를 상징하며 그의 석방은 체제가 해체되기 시작했음을 시사한다.

남아프리카 트란스케이 지역의 왕족으로 태어난 만델라는 변호사가 되면서 왕권을 포기했지만 결코 품행이 망가지거나 권위를 잃지 않았다. 만델라는 1946년 소멸 직전인 아프리카민족회의의 급진주의청년동맹이 설립될 수 있도록 도움을 주었고, 1948년 도입된 아파르트헤이트 인종차별법과 갈수록 심해지는 탄압에 대한 시위와 저항을 체계화시켰다. 1950년대에 체포되어 구금된 후에는 비밀리에 아프리카민족회의^{ANC}의 지도자로 활동했다. 1960년대 경찰이 아파르트헤이트에 반대하는 비무장 시위자들에게 총을 쏴 72명이 사망한 샤프빌 학살이 일어나자 만델라는 아파르트헤이트에 무장 항쟁으로 대응해야 한다고 확신했다.

1962년 7월 만델라는 해외에서 남아프리카로 돌아오자마자 체포되었다. 얼마 지나지 않아 리보니아의 농장에 있는 아프리카민족회의 비밀 본부가 급습당하면서 만델라 외 일곱 명은 사보타주, 정부 전복 음모, 무장침략 방조 등으로 재판을 받았다. 재판정에서 만델라는 그 유명한 연설을 한다.

"나는 모든 사람이 조화를 이루고 동등한 기회가 있는 민주적이고 자유로운 사회를 꿈꿔왔습니다. 나는 그렇게 살고 싶고, 그런 사회를 만들고 싶습니다. 하지만 필요하다면, 나는 그 이상理想을 위해서라면 얼마든지 죽을 각오가 되어 있습니다."

종신형을 선고받은 리보니아 8인은 죄수들에게 극한 노동을 강요하기로 악명 높은 로벤 아일랜드의 석회채석장에 수감되었다. 1946년 겨울에 입소한 만델라가 18년 동안 지낸 곳은 채석장 돌이 깔린 협소한 지하감옥이었다. 그곳은 바닥에 누워 잠을 자고 양동이를 화장실로 써야 했다(1978년 이후 상황은 조금 나아졌지만). 수감자는 6개월에 한 번만 편지를 교환할 수 있었고, 1년에 단 한 번 한 명의 방문자와 딱 30분 동안만 면회가 허락되었다.

▲ 1960년 3월 28일 샤프빌 학살 사건이 일어난 지 얼마 지나지 않아 만델라는 통행권을 공개적으로 불태운다.

정치범의 대표로 부각된 만델라는 시련에도 좀처럼 꺾이지 않았고 오히려 교도소 당국을 설득하고 심지어 자서전 밀반출까지 성사시킨다. 전 세계적으로 그를 석방시키기 위한 캠페인이 벌어지면서 그는 국제적인 유명인사가 되었다. 1982년 그는 케이프타운으로 이감되었지만 폭력행위를 포기하면 석방시켜주겠다는 회유를 거부했다.

1988년 70세를 맞이한 만델라는 남아프리카공화국의 새로운 대통령 데 클레르크F. W. De Klerk와 협상하는 동안 교도소 병원으로 이송되었다가 시골집으로 향한다.

1990년 마침내 그가 석방되었을 대 국내뿐만 아니라 국제적으로도 크게 환호했다. 만델라는 1993년 데 클레르크와 공동으로 노벨평화상을 받았고 1994년에는 남아프리카에서 다수결의 원칙에 따라 대통령으로 선출되어 1999년까지 역임했다. 그리고 2013년에 향년 95세로 세상을 떠났다.

30

30년 전쟁

　종교와 왕가의 야망을 둘러싼 끔찍한 무력충돌이었던 30년 전쟁은 독일을 황폐화시키고 800만 명의 목숨을 앗아갔다. 일련의 전쟁을 좀 더 자세히 살펴보면 합스부르크 황제가 영지 내에 있는 신교도 영역에 가톨릭 의식을 강요하면서 불거진 다툼이 결과적으로 스페인과 오스트리아의 합스부르크 왕가와 프랑스의 부르봉 왕가가 유럽의 지배권을 두고 더 넓은 영토를 차지하기 위한 전쟁으로 점화된 것이다. 전쟁이 길어지자 전역에 걸쳐 강탈과 강간이 자행되고 보급품과 전리품을 찾는 이동군대의 특징인 약탈이 나타났다. 전투가 브라질과 스리랑카만큼이나 멀리 떨어진 곳까지 급속히 번지는 가운데 영국과 스웨덴에서 스페인과 오스만 튀르크까지 유럽의 강대국들이 무력충돌에 휘말렸다.

프라하의 투척

　17세기 초반까지 독일은 존재하지 않았다. 대신 가톨릭과 프로테스탄트로 나뉘어 조각조각 분리된 수많은 영토와 나라가 모여 신성로마제국을 이루고 있었다. 슈타이어마르크의 페르디난트 2세^{Ferdinand Ⅱ}는 일부 영토를 직접 다스리면서 제국 전반에 느슨한 종주권을 행사하는 막강한 합스부르크 왕가의 후손이었다. 보헤미아는 신성로마황제를 투표로 선출할 수 있는 권리를 가진 일곱 선제후 중 하나였다. 나머지 여섯 나라는 가톨릭과 프로테스탄트로 고르게 나뉘어 있었다. 합스부르크는 가톨릭이었지만 신교도인 보헤미아의 종교적 특혜를 보장해주었다. 페르디난트 2세는 이 특권을 축소해서 보헤미아가 반란을 일으키도록 자극했다. 1618년 5월 23일 페르디난트가 보낸 구교의 두 섭정이 프라하의 성에서 창밖 15m 밑으로 내던져졌지만, 거름더미 위로 떨어진 덕분에 목숨은 건졌다. 프라하의 창밖 투척 사건으로 알려진, 합스부르크의 권위에 대한 이 상징적인 거절은 30년 전쟁의 도화선이라고 할 수 있다.

신교인 보헤미아는 반란을 꾀하며 황제, 즉 페르디난트의 군대를 몰아냈다. 이들은 페르디난트를 폐위시키고 자신만만한 젊은 신교도 대공, 영국의 제임스 1세^{James I}의 사위이자 라인란트팔츠 주의 선제후였던 프리드리히 5세^{Frederick V}를 보헤미아의 왕위에 올렸다. 그는 1619~1620년의 겨울 동안만 왕으로 지냈기 때문에 겨울왕으로도 알려져 있다. 한편 페르디난트는 오스트리아, 스페인, 신교 작센 지방, 바이에른이 이끄는 독일 가톨릭 제후연맹을 모아 연합을 결성했다. 1620년 11월 그의 연합군대가 백산전투에서 보헤미아를 격멸했고, 1622년 바론 폰 틸리^{Baron von Tilly}가 이끄는 가톨릭연맹군은 팔츠 주를 점령하고 프리드리히 5세를 네덜란드에서 추방했다. 보헤미아의 신교도들은 야만스럽게 제거되었고 반종교개혁적 열의가 오스트리아와 다른 곳으로 퍼져나갔다. 전쟁 1기는 이렇게 종식되었다.

전쟁은 끝났지만 바이에른이 북부 독일까지 신교도군을 추격하는 가운데 새로 기용된 잔인무도한 용병 장군 알브레히트 폰 발렌슈타인^{Albrecht von Wallenstein}의 군대가 신교도 인구를 무참히 짓밟았다. 덴마크의 왕이자 홀슈타인의 공작 크리스티안 4세^{Christian IV}는 이것을 신교도 조직의 지도자가 될 기회로 여겼지만 필요한 지원을 받는 데 실패했다. 1625년에서 1629년에 벌

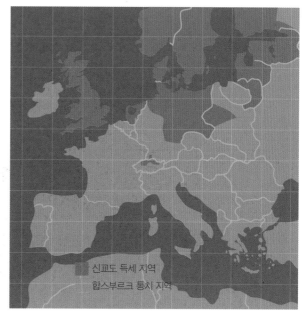

▼ 30년 전쟁 초반 무렵 프로테스탄트 득세 지역과 합스부르크 땅

신교도 득세 지역
합스부르크 통치 지역

어진 '덴마크기'에서 신교도는 일련의 패배를 겪었다. 북부 독일과 덴마크 전역을 짓밟는 틸리와 발렌슈타인을 제지할 자는 없는 듯했고, 페르디난트는 합스부르크의 패권을 주장했다. 1629년 페르디난트가 공표한 복원칙령은 지난 세기의 종교적 합의를 번복하여 신교도 지역의 영토를 환수하고 제국에서 신교도를 제거하려는 시도였다.

이제 전쟁은 도를 넘어서서 독일 내에서 초기의 종교적 드잡이에서 유럽 내의 힘의 균형을 두고 더 광범위한 대립으로 변질되었다. 페르디난트의 성공으로 스페인, 오스트리아, 독일, 스페인령 네덜란드 등 강력한 왕국과 함께 합스부르크가 유럽을 지배할 조짐을 보이자 부르봉 프랑스는 이들에게 둘러싸일지도 모른다는 공포에 휩싸였다. 그래서 가톨릭이면서도 신교도인 스웨덴 왕 구스타프 아돌프^{Gustavus Adolphus}와 연합을 맺었고, 1630년 7월 포메라니아를 침략하여 궁지에 몰린 신교도 독일을 구해냈다.

잘 훈련받은 군대의 뛰어난 사령관이었던 구스타프 아돌프는 프랑스에게서 자금을 지원받았다. 1631년 9월 그는 틸리의 황제군에 맞선

▼ 스웨덴 왕 구스타프 아돌프가 거둔 가장 큰 승리 중 하나였던 브라이텐펠트 전투

브라이텐펠트 전투에서 놀라운 승리를 거두었다. 그해 초 황제에게 반란을 일으킨 마그데부르크에서는 전쟁에서 볼 수 있는 가장 잔인하고 야만적인 학살이 자행되었다. 고트프리트 파펜하임 백작의 군대가 도시를 약탈하고 남자, 여자, 어린이를 가리지 않고 모두 살육했고(총 2만 5,000명), 대성당을 제외한 모든 건물을 완전히 파괴한 것이다.

이듬해 벌어진 뤼첸 전투에서 스웨덴 군대가 승리를 거두는 동안 구스타프 아돌프는 전사했다. 틸리와 파펜하임도 사망했지만 스웨덴 군대의 시달림은 계속되었다.

지옥 같은 전쟁

틸리와 파펜하임이 사망하자 황제파의 지휘관으로 복귀한 것은 발렌슈타인이었다. 하지만 그는 근본적으로 용병이었고 아군에게도 평판이 매우 나빴다. 지휘관에서 물러난 그는 자신의 군대를 다른 편에 팔려고 했다가 1634년 아일랜드 용병에게 암살당했다. 같은 해 스웨덴군은 뇌르틀링겐 전투에서 패배했고 1635년 수많은 독일 영토에서 발생한 불완전한 평화가 스웨덴기를 종식시켰다.

프랑스-스웨덴기로 알려진 4차이자 마지막 단계는 13년 이상을 질질 끌었다. 군대는 이따금 결정적인 전투를 벌이기도 하면서 독차지할 수 있는 자원을 찾아 대륙을 배회했다. 이들의 병력 절반은 포메라니아, 보헤미아, 블랙 포레스트 등에서 사라졌고, 독일 전역에서 농업과 상업은 초토화되었다.

프랑스와 스웨덴은 1643년 로크로아 전투와 1645년 얀카우 전투에서 각각 승리했고, 1637년 페르디난트 2세의 사망으로 합스부르크는 화평을 청할 수밖에 없었다. 5년간의 협상 끝에 1648년 베스트팔렌조약이 체결되었다. 독일 제후들의 종교적 자유뿐만 아니라 주의 원상복구와 자치권도 인정되었다. 전쟁 자체의 이유가 종교에서 지정학, 국가적 이유로 전환되었고, 유럽의 무력외교 무대에서 종교가 사라진 것은 이 파괴적인 전쟁을 통해 얻은 가장 중요한 결과였다

33

십자가에 못 박힌 예수의 나이

흔히 예수 그리스도가 십자가에 못 박힌 날은 그가 서른세 살이 되던 해 4월 3일 금요일이라고 알려져 있다. 사실 요일과 날짜까지는 복음서로 추론할 수 있지만 나이는 불확실하다. 타키투스의 로마연대기에 언급되어 증명된, 복음서에 실린 가장 정확한 설명에 의하면 십자가형은 본디오 빌라도가 유대의 행정관으로 부임해 있던 서기 26~36년 사이에 일어난 것으로 추정된다.

십자가형 자체는 역사적 인물인 예수의 삶을 증명하는 두 가지 역사적 사건 중 하나로 여기고 있다(나머지는 세례자 요한에게 세례를 받은 것). 예수의 일생에 관해서는 연대표로 정확히 밝혀져 있음에도 불구하고 수많은 학문이 발생되었다.

복음서에 의하면 예수는 헤롯 대왕(기원전 37~기원전 4년)이 죽기 직전에 탄생했다고 되어 있으므로 아마도 기원전 4년 이전에 태어났을 것이다. 지상에서의 아버지인 요셉이 나사렛에서 온 갈릴리의 목수였기 때문에 그도 목수 일을 배운 것이라고 한다. 성직자로서의 삶은 세례를 받은 후인 30세쯤 시작되어 1~3년 정도(복음서는 인정하지 않음)로 그리 길지 않았지만(복음서에서는 인정하지 않는다), 로마의 권력자들과 유다를 다스리는 바리새인들을 불안하게 만들기에 충분했다. 그런 이유로 그는 재판을 받아 사형당했고, 기독교인들은 그가 부활해 천국에 간 것을 믿었다.

기독교 교회는 예수의 가르침으로 성장했고 그의 제자들은(특히 사도 바울) 기독교를 전 세계에서 가장 널리 전파된 종교로 성장시켰다. 오늘날 기독교 인구는 전 세계에서 약 20억 명에 이른다.

40

에이커의 땅과 노새 한 마리

미국 남북전쟁 기간 동안 자유를 얻은 일부 흑인 노예에게 제안한 보상금은 속칭 '40에이커의 땅과 노새 한 마리'라는 문구로 알려져 있다. 이것은 1865년 1월 16일 윌리엄 셔먼^{William Tecumseh Sherman} 장군이 본거지인 조지아 주의 사바나에서 발표한 특별 야전명령 15호에 근거하는데, 오래지 않아 셔먼의 '바다로의 진군' 작전이 완수되었다.

야전명령을 공표하기 4일 전, 셔먼 장군과 에드윈 M. 스탠튼^{Edwin M. Stanton} 육군장관이 지역 흑인 지도자들을 만났다. 훗날 스탠튼이 기록한 바에 의하면 "이 나라 역사상 최초로 정부대표가 가난하고 볼품없는 사람들에게 무엇을 원하는지 묻기 위해서 찾아갔다." 1월 12일 열린 회의에서 셔먼과 스탠튼은 흑인 커뮤니티에서 온 20명의 침례교도와 감리교 성직자들을 만나 그들의 미래에 대해 물었다. 이들 중 9명은 노예 출신이었다.

▲ 1865년 5월 윌리엄 테쿰세 셔먼. 이 즈음 암살당한 링컨 대통령의 죽음을 기리는 검은 완장을 차고 있다.

'각 가정마다 경작지를 갖게 될 것이다'

노예를 소유한 남부 계급의 경제적 기반을 무너뜨리는 노예해방과 재분배는 그 이전부터 노예해방론자들에게 지지를 얻고 있었다. 셔먼의 상의에 흑인 성직자들은 적극적으로 요구사항을 말했다. 그룹의 리더 개리슨 프레이저 목사가 입을 열었다. "우리가 스스로를 돌볼 수 있는 가장 좋은 방법은 땅을 갖는 것이다. 그 땅을 우리의 노동으로 일구고 가꾸는 것이다. 그렇게 한다면 우리는 곧 스스로를 부양할 수 있고 열심히 일할 목표가 생길 것이다." 셔먼이 질문했다. "백인들 사이에서

사는 것과 당신들끼리 집단을 이루며 사는 것 중 어떤 방식으로 살고 싶은가" 미래를 예측한 프레이저가 대답했다. "우리끼리 사는 것이 낫다. 우리에 대한 편견을 극복하려면 남부에서는 시간이 걸릴 것이기 때문이다."

이런 과정을 거쳐 링컨 대통령의 승인을 얻은 셔먼 장군은 40만 에이커의 세부사항이 담긴 그 유명한 명령을 공표했다.

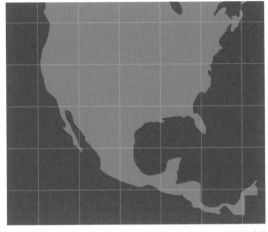

▲ 셔먼의 야전명령 15호에 의해 재분배되기로 했던 대략적인 토지 규모

"미합중국 대통령의 승인과 전쟁으로 자유를 얻은 흑인들의 정착을 위해서 바다에서 강을 따라 30마일 안쪽으로 들어오면 버려진 쌀 경작지인 사우스 찰스턴 열도와 플로리다의 세인트 존스 강의 국경은 따로 남겨둔다." 명령의 제3절은 다음과 같다. "각 가정은 경작에 적합한 40에이커 미만의 땅을 갖게 될 것이다." 여기에 노새에 관한 언급은 없었지만, 육군에서는 땅을 받기 위해 밀려드는 정착민들에게 남아도는 노새를 빌려줄 예정이었다.

크리스마스에는

제한범위는 있었지만 이 드라마틱한 토지 재분배는 급진적인 행동이었다. 이 명령은 남부의 흑인 사회에 곧 대대적인 땅의 분배가 시행될 것이며(크리스마스가 그때라는 홍보가 있었다) '40에이커'는 누구나 받게 될 보편적인 권리라는 폭넓은 믿음을 심어주었다. 하지만 링컨이 암살되고 부통령이었던 앤드류 존슨Andrew Johnson이 대통령이 되면서 연방재건을 위해 남부와 일종의 화해가 결정되었다. 그것은 '40에이커'의 약속이 허상이 된다는 뜻이었다. 1865년 5월 29일, 앤드류 존슨은 많은 남부인들에게 몰수했던 땅을 되돌려주었을 뿐만 아니라 사면을 선언했다. 셔먼의 야전명령으로 약속받았던 땅 역시 원주인에게로 돌아갔다.

땅의 재분배 대신 자유를 얻은 노예들의 '문제'를 해결해줄 방안은 임금노동이었다. 흑인들은 일하는 대신 임금을 지불받았지만 땅을 소유하는 것은 허락되지 않았다. 이것은 소작농이 생산물의 대가로 땅 주인에게 일부를 받는 소작시스템으로 발전되었다. 자유로워진 노예들이 재산을 일구고 자본을 남기기 위해 발버둥친 것은 필연적인 결과였다. 1910년 미국에서 흑인의 농장소유는 1500만 에이커에 달했지만 빠르게 감소해서 1982년에 미국 농부 중 흑인은 1.5%에 불과했다

노예의 가격

'40에이커'의 재분배 약속이 이행되었다면 어떻게 되었을까? 남북전쟁 당시 노예화된 아프리카계 미국인들은 약 400만 명으로, 100만 가구에 해당한다고 할 수 있다. 회의에서 약속한 '40에이커'는 4000만 에이커 – 대략 조지아 주의 크기와 같다 – 를 재분배한다는 뜻이다. 애초에 불가능한 약속이었다고 종종 일축되지만 18세기와 19세기에 대규모의 무상토지불하는 드문 일이 아니었다. 예를 들어 1850년의 이주지원법을 보면, 오리건 준주에서는 홈스테드법에 의거하여 정착민에게 최대 640에이커의 땅을 무상으로 제공했다.

아프리카계 미국인이 미국 경제사에 끼친 영향은 수치를 가늠할 수 없을 정도로 막대하다. 예를 들어 마틴 루터 킹^{Martin Luther King}은 40에이커와 노새 한 마리의 대략적인 값에 근거해 따진다면 노예에게 지불했어야 할 배상금을 총 8000억이라고 계산했다(오늘날의 금액으로 따지면 약 6조 4천 억 정도). 그렇다면 아프리카계 미국인들이 노예로 살았던 시간에 대해 얼마나 많은 돈으로 보상할 수 있을까? 1990년대 하퍼스 매거진은 1619년에서 1826년 사이에 아프리카계 미국인 노예들이 강제노동에 동원된 시간은 222,505,049시간으로, 이자까지 더하면 총 97조에 달할 것이라고 계산했다. 실제로 남북전쟁 동안 자유를 얻은 노예에게 지불된 배상금은 전 노예소유주가 300달러씩 보상한 것이 전부였다.

▼ 1862년 사우스캐롤라이나 보퍼트의 스미스 농장에서 한 가족. 1865년의 짧은 시간 동안 이들은 40에이커의 땅에 대한 기대에 부풀어 있었다.

42

한 페이지에 42줄

　거의 모든 페이지가 42줄로 인쇄되어 42행 성서로 통용되는 구텐베르크 성경은 유럽 최초의 인쇄본으로 알려져 있는데, 실제로는 동아시아의 어떤 나라가 먼저라고 한다. 이 성경은 1453~1455년경에 만들어졌다. 대단한 아름다움과 기술적인 세련미를 지닌 인쇄본은 역사상 가장 위대하고 중요한 발명의 도래를 알렸다. 구텐베르크 Johannes Gutenberg 와 동시대인들은 가동금속활자로 찍은 이 인쇄술을 '책을 번식시키는 기술'이라고 묘사했다.

가동활자

　한가운데에 기호를 새기는 인쇄방식은 부드러운 진흙에 바늘로 쐐기 모양을 새겨서 만든 최초의 문자인 설형문자까지 거슬러 올라간다. 목판인쇄는 적어도 8세기에 중국에서 건너온 것으로 알려져 있으며 최초의 목판인쇄는 868년에 만들어진 금강반야바라밀경이다. 목판인쇄의 각 페이지는 수공의 노력으로 직접 특별하게 새긴 글자를 찍는 방식이었다.

　한 조각마다 한 글자씩 하나의 작은 블록이나 글자로 나타내는 가동활자는 필요한 글자를 줄마다 조립할 수 있었고 훨씬 더 빠른 속도로 효율성 있게 다른 내용으로 재조립할 수 있었다. 최초의 금속활자본은 14세기 후반 한국에서 인쇄되었지만 최초로 공정을 현실화시킨 것은 아마도 구텐베르크의 작품이었을 것이다.

기적을 만든 남자

구텐베르크는 1400년경 라인란츠 마인츠의 귀족 가문에서 태어났다. 1448년 그는 사업가 정신을 발휘해 상당한 돈을 빌렸다. 아마도 글자를 주조하는 속도와 정확한 기술, 글자에 충분히 붙을 정도로 매우 진하고 기름이 주 원료인 인쇄용 잉크, 종이에 고르게 펴 바를 수 있는 인쇄기 등 세 가지 혁신이 결합된 인쇄소를 차리기 위해서였을 것이다. 무엇보다도 구텐베르크는 19세기까지도 변함없이 남아 있을 수 있는 완성도 높은 기술을 성취하면서도 이 세 가지 통합 프로세스 요소를 결합할 수 있는 비전을 갖고 있었다.

1453년경 구텐베르크는 사업 동료 요한 푸스트 ^{Johann Fust}와 피터 쉐퍼 ^{Peter Schoeffer}와 함께 성경 작업을 시작해 180본을 인쇄했다. 각 성경은 손으로 직접 채색하고 첫 글자에 색을 입혔으며 단정한 고딕체의 라틴어로 한 페이지에 42줄인 1,286페이지로 구성되었다. 각 페이지는 약 2,500조각의 글자를 사용해 인쇄했고, 구텐베르크는 300개의 독특한 글자체를 주조했다. 책의 무게는 6.35kg이었고 가게 점원 월급의 세 배인 30플로린에 판매되었던 것 같다. 나중에 교황 비오 2세가 된 에네아 실비아 피콜로미니가 1455년 3월 12일 프랑크푸르트에서 보낸 편지에는 '기적 같은 인물이 안경을 쓰지 않고도 읽을 수 있을 만큼 또렷하게 인쇄된 자신의 성경본을 홍보하고 있었다'라고 쓰여 있었다.

동업자들과 사이가 틀어진 구텐베르크는 더 이상 그에 상응하는 두께의 책을 만들어내지 못했지만 그의 인쇄기술은 인간의 역사에 혁명을 불러일으켰다. 인쇄술은 유럽에서 식자 능력의 빠른 증가를 주도해 르네상스와 과학혁명, 종교개혁에 직접적으로 기여했다.

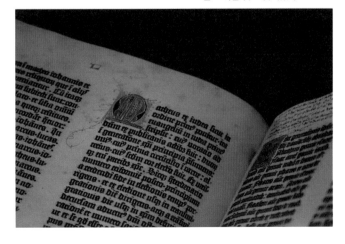

▼ 뉴욕 공공 도서관에 있는 구텐베르크 성경. 42줄 성경의 초판본이 뉴욕에 도착했을 때 세관원들은 모자를 벗고 맞이했다.

50

흑사병으로 사망한 유럽의 인구비율

1347년 하룻밤 사이에 건강한 남녀를 죽일 수 있는 끔찍한 질병이 유럽 해안에 상륙했다. 이 질병에 걸리면 심한 열과 종기, 피부가 검게 변하고 구토를 하고 고래고래 헛소리를 내지르고 피가 섞인 가래가 끓는 등 상상을 초월하는 고통 속에서 사망에 이르렀다. 감염은 항구에서 항구로, 강 상류에서 길을 따라 파도처럼 온 유럽을 넘나들며 확산되었다.

기록이 빈약한 시대였던 만큼 정확한 사망자수를 추정하기는 어렵지만 인구의 1/3에서 절반 정도, 어쩌면 그 이상 사망한 것으로 보고 있다. 이 전염병이 중세 유럽의 사회, 경제, 문화에 끼친 영향은 실로 대단했다.

▲ 역병의 공기 감염을 피하기 위해 향수를 가득 부은 '부리' 보호 마스크를 착용한 전염병 의사

일반적인 전염병

훗날 흑사병이라고 불리게 된 이 병은 당시에는 대역병, 떼죽음 등으로 알려졌었다. 처음에는 중앙아시아의 스텝지역에서 발병해 중국과 인도로 퍼지면서 알려지지 않은 대혼란이 일어났던 것 같다. 피아첸차 연대기 작가 가브리엘 드 무시스^{Gabriele de Mussis}에 의하면 유럽에 이 질병이 상륙한 것이이 초기 세균전이라고 한다. 몽골이 끔찍한 역병에 고통 받던 1346년, 크림반도(오늘날 페오도시야)의 카파 지역에서 제노바 상인들이 '타타르'(킵차크 한국의 황금군단)에게 포위당했다. 타타르는 상인들에게 떠날 것을 강요하면서 "시체를 싣고 와 투석기로 도시에 던지라고 명령했다"고 한다.

역병의 도시에서 달아난 제노바 상인들은 지중해로 회항해서 1347년 10월에는 사이프러스와 시실리에, 1348년 1월에는 제노바에 전염병을 유입시켰다. 1352년 역병은 스칸디나비아와 러시아(지도 참조)까지 퍼졌다. 끔찍한 고통과 피할 수 없는 죽음은 큰 충격을 불러일으켰다. 온 유럽에서 역병을 확산시킨 유대인들을 비난했고, 잔인한 집단학살이 발생하면서 많은 유대인들이 동유럽으로 이주할 수밖에 없었다.

페스트의 원인은 페스트균을 옮기는 박테리아 때문이라는 것이 주된 의견이다. 오늘날 이 유기체는 여전히 림프절 페스트균을 발생시키는 원인이며 벼룩을 매개체로 확산된다. 하지만 현대와 중세의 림프절 페스트에 대한 해석이 매우 다르다는 점이 지적되고, 질병역학이 설치류/벼룩 전염과 일치하지 않는다는 반대의견도 많다. 흑사병의 실체는 여전히 미스터리로 남아 있으며, 유럽의 사회경제에 미친 영향에 대해서도 논쟁이 벌어지고 있다.

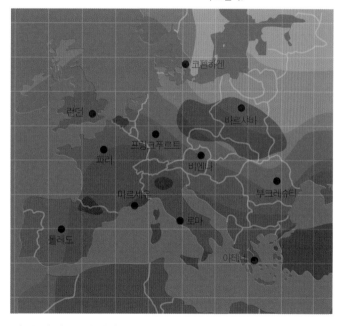

▼ 당시 유럽에서 전염병의 확산, 동유럽의 피해는 비교적 적은 것이 보인다.

	1347년
	1348년 중반
	1349년 초반
	1349년 후반
	1350년
	1351년
	1351 이후
	소소한 발발

봉건제도의 종말

노동인구의 극단적 감소라는 통념적 관점에서 봤을 때 흑사병은 소작농과 지주 사이의 관계, 임금의 급상승, 생활수준, 극빈자들 사이의 사회적 지위 등에 혁신을 일으켰다. 그중에는 지주들이 노동력이 덜 들어가는 농업방식으로 바꾼 것도 있다. 예를 들어 영국에서는 목양을 키웠는데 중세 후기에 들어서자 양털 산업이 호황을 일으켰다.

봉건제도는 이미 하락세였고 흑사병은 그것을 가속화시켰을 뿐이라는 대안적인 견해도 있다. 유럽에서 이 역병은 문화와 종교에 큰 영향을 끼쳤고 그 결과 르네상스와 종교개혁으로 이어졌다.

55

바이외 태피스트리에 수놓아진 개의 수

바이외 태피스트리는 린넨 천에 다양한 색상의 실로 수를 놓은 길이 68m, 높이 0.5m, 무게는 350kg이나 되는 거대한 자수 작품이다. 빨간색은 꼭두서니, 노란색은 레세다과의 로켓, 파란색과 초록색은 (대청으로 만든) 인디고 등 세 가지 식물성 염료를 섞어서 만들었다. 태피스트리에는 참회왕 에드워드King Edward the Confessor의 치세인 1064년부터 1066년의 헤이스팅스 전투까지 잉글랜드의 윌리엄William 왕이 노르망디를 정복하는 이야기가 그려져 있다.

스토리는 약 33cm 높이의 중심 띠에 그려져 있으며, 위쪽과 아래쪽의 7cm 정도 되는 라인에는 동물, 상상의 생물, 심지어 이솝우화까지 표현되어 있다. 태피스트리에는 사람 623명, 말과 노새 202마리, 개 55마리, 신화 속 동물을 포함한 다른 동물 505마리, 건물 37채, 배와 보트 41척, 나무 49그루를 포함해 총 1,512개의 개체가 묘사되어 있다. 가장 유명한 부분 중 하나가 영국의 해롤드 왕King Harold으로 보이는 인물이 한쪽 눈에 화살을 맞은 장면인데, 실수로 나중에 추가된 것 같다. 이 태피스트리가 어디에서 누구를 위해 만들어진 것인지는 확실하지 않다. 역사적 정밀도와 스타일에서 유추되는 단서로는 1066년에서 오래지나지 않은 시기에 만들어진 것으로 추측되며 정복자 윌리엄의 이복형제인 바이외의 오도 주교가 주문한 것이라고 보는 이도 있다. 하지만 브루고뉴 법원에서 발견된 기록 중에 이 태피스트리와 매우 유사한 것이 있는 것으로 보아 바이외와의 관련성은 없을 가능성이 크다. 이 태피스트리는 영국 캔터베리에서 만들어졌다는 가설이 가장 유력하다.

56

독립선언문의 서명인

1776년 6월 7일 제2회 대륙회의에서 위원회는 영국에서 독립한 13 개주의 공식적인 독립선언문의 초안을 작성하기로 결정했다. 버지니아에서 온 변호사 토머스 제퍼슨Thomas Jefferson이 초안을 잡았고, 7월 4일 개최된 회의에서 독립선언서 원고가 공식적으로 채택되었다. 하지만 아직 품질 좋고 튼튼한 종이가 만들어지지 않았다는 이유로 이때는 조인되지 않았다. 특별히 준비한 양피지에 깨끗한 필체로 원고를 '집중'해서 써내려가야 했기 때문이다.

그 사이에 다섯 명의 위원(토머스 제퍼슨Thomas Jefferson, 존 애덤스John Adams, 벤자민 프랭클린Benjamin Franklin, 로저 셔먼Roger Sherman, 로버트. R. 리빙스턴Robert R. Livingston)이 텍스트를 조판하고 인쇄하는 일을 맡았던 덕분에 주를 넘나들며 배포될 수 있었다. 그날 밤 필라델피아의 인쇄업자 존 던랩John Dunlap이 인쇄한 수백 장의 이 '던랩 브로드사이드'는 현재 26장만 남아 있다.

8월 2일 대륙회의 의장 존 핸콕John Hancock의 서명을 필두로 다른 50 여 명도 연달아 서명했고, 13개 주 전부에서 서명을 얻을 수 있었다. 그들 중 48명은 미국 땅에서 태어났으며 나머지 8명은 영국과 아일랜드에서 태어난 사람들이었다. 가장 어린 사람은 26세의 에드워드 루트리지Edward Rutledge였고, 가장 나이가 많았던 사람은 70세였던 벤자민 프랭클린이었다. 서명한 이들 중 존 애덤스와 토머스 제퍼슨은 독립한 미합중국의 2대와 3대 대통령을 지냈으며 두 사람 모두 독립 기념일 50주년에 사망했다.

▼ 토머스 제퍼슨, 벤자민 프랭클린, 존 애덤스가 제퍼슨이 거주하는 필라델피아의 하숙집에 모여 독립선언문 초안을 검토하고 있다.

60

서부전선의 포격 사망자 비율

제1차 세계대전이 발발한 지 불과 4개월이 지난 1914년 11월 말, 스위스-프랑스의 국경에서 북해에 이르기까지 광활한 지역에 700km에 달하는 참호가 끊어진 곳 없이 뻗어 있었다.

제1차 세계대전은 독일이 계획적으로 일으킨 전쟁이 아니었다. 1905년 이래 독일의 작전참모들은 세계제패전략인 '슐리펜 플랜'을 도모했다. 독일 군대가 프랑스 군대의 주력이 집결해 있는 벨기에와 룩셈부르크를 선회해 파리를 손에 넣고 단기간에 프랑스 방어선의 측면을 공격해 승리한다는 전략이었다.

이 계획은 독일의 진격이 9월 5~9일 사이에 벌어진 마른 전투에서 후퇴한 순간 무산되었다. 하지만 독일은 대접전을 벌이며 승리를 가늠하기 어려웠던 엔 강 전투(9월 12~28일)에서 연합군의 반격을 막아냈다.

외부

바다를 향한 경주

이제 전쟁은 '바다를 향한 경주'로 바뀌어, 양측은 공격 지점을 북서쪽으로 이동하면서 서로의 참호선을 측면공격하기 위해 분투했다. 그 일련의 전투는 다음과 같다. 피카르디, 알베르, 아라스, 라바세, 메신, 아르망티에르, 이프르, 랑에마르크, 게루벨트, 논네보스첸 등이다. 그 당시 이프르와 논네보스첸에서 벌어진 전투는 11월 22일에야 끝났고 참호선은 니우포트 근처인 북해까지 이르렀다. 얼마 지나지 않아 또 다른 서부전선이 프랑스와 중립국인 스위스 쁘히데후즈 마을 사이의 국경에 도달했다. 놀랍게도 이 기동전은 1917년이 되어서야 끝이 났다.

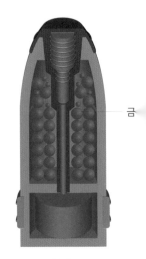

단면

금

▲ 날카로운 포탄의 단면을 보면 20세기의 포도탄 버전인 금속공이 가득 차 있다.

1917년 7월에 서부전선의 북서 지방을 찍은 사진에서는 해변과 북해가 내려다보이는 작은 벙커의 끝이 거대한 참호를 따라서 서유럽을 반으로 가른 모습을 볼 수 있다.

참호전

서부전선에서 일어난 그 밖의 전쟁은 대부분 참호전의 양상을 띠기 시작했다. 그곳에서 병사들의 평균수명은 6주, 하급사관과 들것병은 그보다 더 짧았고 거의 모든 이들이 위험에 노출되어 있었다. 역사적 상상력을 동원한다면 참호전에서 가장 생생하게 느껴지는 위험은 기관총과 총검, 독가스라고 생각하겠지만 실제 주요 사망 원인은 포격과 질병이 압도적이었다. 질병은 세계대전의 사망 원인 중 3분의 1을 차지했는데, 참호생활로 인한 참호족과 이질에서부터 전선 뒤편에 비공식적으로 설치한 사창가 덕분에 1만 5,000명의 영국 병사들이 걸린 성병까지 온갖 질병이 만연했다.

그중 서부전선의 사상자의 60% 이상은 포격, 박격포, 모르타르 등의 영향을 받았다. 끊임없는 폭격과 격렬한 전투는 전쟁 신경증이라는 새로운 현상을 인식시켰다. 이 질병은 최소한 8만 건이 보고되었는데 실제 발병률은 훨씬 더 높았다. 사실 현재 급성 또는 외상 후 스트레스 장애라고 부르는 이 케이스들은 과거의 전쟁에서도 존재했다. 예를 들어 미국 남북전쟁에서는 이것을 '향수병'이라고 불렀다.

▼ 1914년 일선의 영국 포병. 짚을 얹어 감시안테나로부터 은폐한 총기에 포탄을 장전하고 있다.

60

바실리카 대포를 움직이는 데 필요한 황소의 수

바실리카는 그 당시 만들어졌던 가장 큰 총기에 붙여진 이름으로 기관포로 사용되는 관이 청동으로 제조된 거대한 사석포였다. 이 무기는 오스만튀르크의 술탄 메흐메트 2세Mehmed Ⅱ가 콘스탄티노플을 함락시킬 때 중요한 역할을 했다. 약 천 년 동안 아바르인, 러시아, 불가르족, 아랍족 등 다양한 무리가 23차례나 침입했지만 거대한 성벽은 매번 콘스탄티노플을 지켜내며 난공불락의 위용을 자랑했다. 도시를 차지하려던 무슬림 세력들의 수많은 시도는 모두 실패로 끝났다. 하지만 15세기 중반까지 비잔틴 제국으로 존속했던 콘스탄티노플이 오스만튀르크에 패하면서 이곳에는 소아시아(지금의 터키)와 수많은 발칸인들이 급속히 퍼지기 시작했다.

바빌론의 벽을 부숴라

1452년 헝가리인 오르반^{Orban}은 비잔틴의 마지막 황제 콘스탄티누스 11세^{Constantine XI}에게 자신이 만든 대포를 팔려고 했지만 궁핍한 통치자에게는 지불할 만한 돈이 없었다. 그러자 오르반은 대도시를 공격할 계획을 세우고 있던 메흐메트를 찾아갔다. "저는 청동으로 술탄께서 원하는 위력을 가진 사석포를 만들 수 있습니다. 이미 세부적인 것도 성벽에서 시험해 보았습니다. 제가 만든 대포는 벽돌뿐만 아니라 바빌론의 벽까지도 산산조각 낼 수 있습니다."

그해 가을 오르반은 이 괴물을 주조하는 작업에 착수했다. 그리스인들은 이것을 바실리카—왕족의 무기—라고 이름 붙였다. 바실리카는

8.2m 길이에 20cm 두께의 고형 청동 내벽, 구경이 76cm나 되어 사람이 안으로 기어들어갈 수 있을 정도였다. 1.6km의 거리에 725kg이나 되는 돌 세례를 퍼부을 수 있었지만 재장전하는 데 시간이 너무 오래 걸려서 하루에 7차례밖에 쏠 수 없었다.

▲ 콘스탄티노플 성문 앞의 메흐메트 2세. 천 년의 방어벽이 마침내 그의 포병대 앞에 무너졌다.

어미와 새끼들

대포는 너무 무거워서 끌고 가기 위해서는 60마리의 황소가, 조종하고 배치하기 위해서는 200명의 인력이 필요했다. 하지만 내부의 고열과 폭발력은 야금학 시절의 위력보다 훨씬 컸다.

1453년 4월 공성전이 시작되자 바실리카는 겨우 몇 차례 발포 만에 부서졌다. 하지만 콘스탄티노플 시민들에게 엄청난 공포를 안겨주었고 술탄에게는 괴물 같은 대포가 68문이나 더 있었다. 괴물같은 대포들은 각각 작은 대포들과 한 팀을 이루어 포진했기 때문에 '어미와 새끼들'이라는 별명이 붙었다. 어미와 새끼들은 한시도 쉬지 않고 포격을 해댔다.

5월 28일, 오스만튀르크는 47일 동안 25톤의 화약가루와 5,000발의 대포를 쏘아댄 맹공격 끝에 지난 천 년을 버텨오던 콘스탄티노플의 성벽에 기어이 구멍을 뚫고야 말았다. 대포의 시대는 중세 성채의 방어시설을 무용지물로 만들었다. 5월 29일 메흐메트는 전면 총공격 명령을 내렸고 마침내 도시를 함락했다. 훗날 성을 지키다 살아남은 이들 중 한 명은 포효하는 대포 소리에 둘러싸여 산산조각 난 벽 사이로 오스만 군대가 쏟아져 내려왔다고 회상했다. "공기가 갈라지는 것 같았다. 그것은 마치 다른 세상에서 건너온 존재 같았다."

63

마그나 카르타의 조항

1215년 템스 강둑의 러니미드 초원에서 분노한 귀족들이 불만과 요구사항을 작성한 목록을 들이밀며 잉글랜드의 존 왕^{King John}을 압박하여 시정하겠다는 약속을 받아내고 인장을 찍게 했다. 이 '귀족들의 헌장'은 5일 동안의 협상을 거쳐 인장이 찍힌 뒤 6월 15일에 공표되었다. 하지만 존 왕은 열흘도 지나지 않아 '러니미드 헌장'이라고 알려진 이 문서를 부정하며 교황을 앞세워 취소시켰다. 이로 인해 잉글랜드는 왕과 귀족 사이에 내전이 휘몰아쳤고 1년 후 존 왕은 사망했다. 1217년 존 왕의 어린 아들 헨리 3세^{Henry Ⅲ}의 이름으로 재공표된 헌장은 훗날 마그나 카르타라고 알려졌다.

오리지널 러니미드 헌장에는 번호가 매겨지지 않은 총63조항이 연속적으로 적혀 있었다. 어떤 조항들은 1217년 재발표될 때 삭제되었지만 오늘날까지도 법률로 명시되어 있는 조항도 있다. 대부분의 조항은 중세 봉건사회 특유의 불만을 다루고 있다. 왕이 이 땅의 법률 위에 있지 않고 그 법을 따라야 하며 모두에게 공정해야 한다는 것이 헌장의 대략적인 요지이다. 가장 유명한 것이 39번과 40번 조항이다. "모든 자유민은 공정한 재판 또는 국법에 의하지 않는 한… 체포하거나 구금할 수 없다"(39조)와 "짐은 누구를 위하여서라도 정의와 재판을 팔지 아니하며, 또 누구에 대하여도 이를 거부 또는 지연시키지 아니한다."(40조) 배심원단에 의한 재판과 유죄가 입증될 때까지 무죄추정이라는 인신보호영장 원칙(고소당한 사람들은 재판 없이 무기한 구금할 수 없다는 내용)의 유래를 이 조항들에서 찾아볼 수 있다.

72

중국의 문관시험 시간

　문관을 선발하는 고시제도는 중화제국의 문명에서 가장 중요한 요소이자 가장 오랫동안 지속된 제도 중 하나였다. 고시제도는 7세기 초에 공식화되어 1905년도에 폐지될 때까지 적어도 1300년 동안 지속되었다. 시험의 핵심은 서기 시대의 중국사회를 뒷받침하는 철학적, 도덕적 체계인 유교경전 고문에 얼마나 통달했는지를 테스트하는 것이었다.

　지원자들은 사서오경이라는 아홉 분야의 지식을 최대한 입증해야 했다. 사서는 대학, 논어, 맹자, 중용이며, 오경에는 역경, 서경, 시경, 예기, 춘추가 포함된다. 시험 과정은 매우 엄격해서 14세기에는 출입이 금지된 빈 방에서 24시간 동안 1차 시험을 봤고 2차 시험은 72시간 동안 치러야 했다.

　시험에 합격한 사람들에게는 많은 보상이 따랐기 때문에 경쟁이 치열했다. 예를 들어 명나라 때 관리직을 얻으려면 6,000대 1의 경쟁을 뚫어야 했다. 시험제도는 능력이 출중한 지방의 학자층 관리를 황실에 충성할 인재로 선발함으로써 북방 귀족의 세력을 약화시킬 수 있는 수단이 되었다. 황제 당 태종이 시험장에 온 응시자들을 보고 기쁜 듯이 말했다고 한다.

　"하늘 아래 모든 영웅이 내 손안에 있구나."

▼ 송나라 때 시험 보는 장면.

80

80년 전쟁

　대부분의 해석에 의하면 네덜란드 독립운동, 또는 합스부르크 – 네덜란드 전쟁이라고도 알려진 80년 전쟁은 실제로 80년 동안 지속적으로 치러진 전쟁은 아니라고 한다. 일반적인 시작과 종료 시기는 1566년에서 1648년까지 82년간인데, 공공연하게 전쟁이 일어난 것이 1572년에서 1609년까지, 재점화된 것은 1621년에서 1648년까지이다.

　전쟁의 발단은 저지대의 브루고뉴 지방을 상속받은 스페인의 합스부르크 왕 펠리페 2세$^{Philip \, II}$가 시행한 종교 및 경제 제도 때문이었다. 부친 카를로스 1세$^{Charles \, V}$(카를 5세)는 저지대의 17주에 특히 경제적, 종교적으로 상당한 자율성을 허락했고, 북부를 중심으로 개신교가 확산되는 동안 도시에는 상업과 무역이 번성했다. 왕위에 오른 펠리페 2세는 저지대에 더 많은 세금을 부과하고 개신교의 확산을 역행시키고자 했다. 저지대 행정부를 직접 통치하는 동안 그는 주교를 네 배나 늘려 종교재판을 촉발시켰다.

　1566년 200여 명의 귀족들이 브뤼셀에 모여 항의했지만 '거지'라고 조롱받으면서 내분이 불거졌다. 가톨릭교회는 불에 탔고 빵 폭동이 발발했다. 1567년 펠리페 2세가 반란을 근절하기 위해 알바 공작과 전투로 다져진 1만여 명의 스페인 병력을 보냈지만 북부 지방 진압은 실패로 끝났다. 1572년 17주가 반란군을 이끄는 나사우의 침묵공 빌럼 1세$^{William \, I}$(오라네 공으로도 알려졌다)와 함께 공개적으로 반란을 선언했고 네덜란드 함대 '바다의 거지들'이 주요 항구를 점령했다.

스페인의 분노

스페인군은 뛰어난 병력이었지만 펠리페 2세는 네덜란드의 반란을 완전히 근절시킬 수 없었다. 프랑스, 영국, 오스만튀르크들과 연달아 벌어지는 크고 작은 전쟁이 그의 주의를 흩뜨렸고, 끊임없는 현금유동성 위기가 그의 신경을 갉아먹었기 때문이다. 플랑드르에서 7만~9만 명의 강력한 군대를 유지하기 위해서는 하루에 3만 더킷의 비용이 소요되었고, 그것을 지불하지 못했던 1572년에서 1607년 사이에 46회나 일어난 반란의 법적 책임을 져야 했다.

결국 북부의 주들은 종교적 경계를 따라 분열되었다. 1579년 북부의 7주가 위트레흐트동맹을 맺었고 1581년에는 연합주, 즉 네덜란드 공화국의 독립을 선언했다. 1588년 펠리페 2세가 무적함대를 앞세워 영국을 공격했지만 실패로 끝나면서 그의 영향력은 약화되었고 1609년까지 전쟁이 늘어지자 지친 당사자들은 '12년 휴전협정'을 맺었다. 이 시기에 펠리페 2세와 빌럼 1세의 자리는 펠리페 3세^{Philip III}와 마우리츠 왕자^{Prince Maurice}가 물려받았다.

네덜란드는 이 틈을 타 해양무역 제국을 건설했다. 1621년 전쟁이 시작되자 네덜란드는 스페인과 포르투갈 속국의 주요 항구와 전 세계의 무역권을 빼앗기 위해 해군력을 이용했다. 스페인의 집요한 공격은 네덜란드를 초강대국으로 만들었을 뿐만 아니라 자국의 파산을 초래하면서 스페인의 위상은 곤두박질쳤다. 양국의 근심거리였던 부르봉 프랑스가 부흥하자 1648년 스페인은 네덜란드 공화국의 독립을 인정하는 뮌스터 조약을 체결했다.

▼ 1574년 10월 참혹했던 공성전 끝에 아사와 절망에 빠져 있던 라이덴 주민들이 구출되었다.

87

게티즈버그 연설

1863년 11월 19일 아브라함 링컨이 그 유명한 연설을 한 것은 지난 7월에 벌어졌던 전투의 전사자들을 안장할 수 있도록 게티즈버그의 전쟁터 일부를 헌납한 추도행사에서 였다. 미국남북전쟁사에서 가장 치열했던 게티즈버그 전투는 남과 북의 전환점이라고 할 수 있다.

게티즈버그는 남부연합의 리 장군General Lee이 가장 멀리 진군한 북방한계선이었지만 단단히 자리 잡은 북부군의 무차별적인 공격으로 심각한 손실을 안고 후퇴해야 했다.

이 전투는 남부연합의 종식을 알리는 서막이었지만 북부군에게도 온전한 승리라고 하기는 어려웠다. 남부연합이 2만 5,000여 명의 사상자를 냈지만, 북부도 2만 3,000명의 사상자가 발생해 지역적 이점을 살려 압승을 거두지 못했기 때문이다.

▲ 게티즈버그에서 링컨의 연설을 들은 청중들은 그 짧은 시간과 간결함에 놀라워했다.

적절한 몇 마디의 발언

끝이 보이지 않던 전쟁이 3년째에 접어들면서 치른 이 끔찍한 혈전 이후 링컨이 공개보고에서 전쟁의 목적을 어떻게 규정할지 고민한 흔적이 이 원고에 담겨 있었다. 11월 2일 링컨은 식전 추도행사에 초청받아 백악관에서부터 원고를 쓰기 시작했지만 묘지 헌납과 추도식을 주도한 데이빗 윌스David Wills의 집에 머물렀던 11월 18일 밤까지도 원고는 완성되지 않았다.

이날 기조연설자는 링컨이 아니었다. 링컨은 학자이자 정치가인 에드워드 에버렛 Edward Everett 의 두 시간이라는 긴 연설에 앞서 개막연설을 맡았을 뿐이었다. 링컨의 연설이 2분 만에 끝나자 군중들은 놀라워했다. 몇몇 기록에 의하면 1만 5,000여 명의 청중들은 숨을 죽였고, 그 반응에 링컨은 자리로 돌아가며 '완전히 실패'했다고 중얼거렸다고 한다. 하지만 역사적 연설이라고 확신한 에버렛은 다음날 대통령에게 편지를 썼다. "두 시간 동안 진행된 내 연설보다 2분밖에 안 된 당신의 연설이 행사의 중심사상에 완전히 부합했다."

▲ 수기로 쓴 연설 원고의 초안

링컨의 위업은 불과 272마디의 말로 전쟁의 목적뿐만 아니라 국가의 목적 자체를 상기시키는 데 성공했다는 점이었다. 이 전쟁이 단순히 미합중국을 회복시키기 위한 시도가 아니라 '모든 인간은 평등하게 창조되었다'라는 독립선언의 기본 이념을 수호하기 위해서라는 사실을 분명하게 표현했기 때문이다. 그가 선언한 국가란, 자유의 재탄생이며 국민의, 국민에 의한, 국민을 위한 정부가 이 지구상에서 사라지지 않게 하겠다는 의지였다. 이 마지막 구절은 아마도 1830년 상원의원 다니엘 웹스터가 '국민을 위해서 만든, 국민에 의해서 만들어진, 국민에게 책임이 있는 정부'라고 표현했던 연설에서 차용했을 것이다. 1850년 시오도어 파커도 '모든 국민의, 모든 국민에 의한, 모든 국민을 위한 정부'라고 선언한 '미국의 이념'에서 인용한 적이 있다. 성경의 강력한 힘과 표현이 담긴 이 연설은 국가와 정치제도를 위해서 종교적 의무를 만들어낸 세속과 신성함의 결합인 미국의 '시민종교'와 연관이 있다.

90

천연두로 사망한 아메리카 원주민들의 비율

천연두는 20세기 세계건강프로그램 덕분에 1977년 10월 26일 마지막으로 자연발생 진단을 받은 후 현재는 사라진 바이러스성 질환이다. 수천 년 전부터 끔찍한 파멸을 불러온 이 질병은 약 5억 명에 가까운 사망자수를 기록하면서 역사상 가장 치명적인 질병 중 하나로 꼽힌다.

목축 질병

질병의 기원은 확실하지 않지만 람세스 5세(기원전 1145년경)의 미라에서 발견된 농포 발진의 증거를 보면 적어도 기원전 2000년경에도 존재했으며 그 발생이 아테네 역병과 안토닌 역병처럼 고대세계의 불가사의한 몇몇 전염병과도 연관되어 있었음을 알 수 있다.

천연두는 '목축 질병'의 전형적인 케이스로 대규모의 밀집된 동물 개체군에서 발생했는데, 길들인 동물과 가까이 지내면서 인간 개체군에게도 전염된 것이다. 구대륙에서 인간은 수많은 동물을 길들였고, 종종 한 지붕 아래에서 목축하며 그들의 고기를 먹고 젖을 마셨다. 천연두에 지속적으로 노출되었다는 것은 구대륙의 인구에게 면역력이 어느 정도 발달되었음을 의미했지만 그래도 감염된 이들의 사망률은 적어도 30%에 이르렀다.

이와 달리 신대륙에서 대규모로 길들여서 키우는 동물이라고는 라마뿐이었다. 그들은 라마를 먹지도 않았고 우유를 짜내지도 않았으며 거주지에서 멀리 떨어진 곳에 키웠다. 그래서 신대륙의 토착민들은 천연두 같은 목축전염병에 노출된 적이 없었고 면역력도 전혀 발달하지 않았다. 그래서 1492년 구대륙의 탐험자들이 신대륙에 도착했을 때 그들을 따라온 이 질병의 위력은 상상을 초월했다.

시체더미

처음 천연두가 발생한 지역은 1495년 히스타니올라의 산 도밍고였는데, 토착민의 약 80%가 사망했다. 이것은 앞으로 다가올 천연두와 그 유사 질병이 단연코 정복자와 식민지 개척자들의 가장 강력한 무기가 되리라는 징조였다. 예를 들어 1521년 에르난 코르테스Hernan Cortes가 아즈텍의 수도 테노치티틀란을 공격했을 때 도시는 이미 천연두가 휩쓸고 지나가 황폐해진 상태였다. 당대의 연대기 작자 베르날 디아스 델 카스티요Bernal Diaz는 스페인이 도시에 입성했을 때 '죽은 인디언들의 시체를 밟지 않고서는 지나갈 수가 없었다. 말라붙은 땅은 온통 시체로 뒤덮여 있었다'라고 기록했다.

목축 전염병은 신대륙을 뒤흔들었다. 이 질병은 선진화되고 인구가 번성했던 문명을 파괴하고 토착민의 90%를 몰살시키면서 역사의 흐름을 바꾸었다. 천연두는 글자 그대로 세상을 바꾸어버렸다. 유럽인과의 접촉 이전에 아마존 유역에 많은 인구가 살면서 광범위한 경작 생활을 하고 있었다는 고고학적 발견이 늘어나면서, 아마존 열대 다우림 자체가 천연두에 몰살당한 토착인구가 남긴 광대한 농경지역이 정글로 복구된 결과일 가능성이 증대되고 있기 때문이다.

▼ 아즈텍을 정복한 에르난 코르테스에게도 천연두로 그들을 몰살시킨 책임이 있다.

95

마르틴 루터의 논제

1517년 10월 31일 마르틴 루터^{Martin Luther}는 비텐베르크성^城교회의 문 앞에 본인이 작성한 문서의 복사본을 게시했다. 95개조의 논제라는 이름으로 더 잘 알려진 〈면죄부의 능력과 효용성에 관한 논쟁^{The Disputation on the Power and Efficacy of Indulgences}〉은 학문적, 신학적 논쟁을 도발하기 위해서 쟁점을 작성한 리스트였다. 그가 촉발시킨 것은 개혁, 즉 유럽의 종교적, 문화적, 지정학적인 시혜에 확연한 혁명이었다. 일반적으로 95개조의 논제 게시를 종교개혁의 출발점으로 여긴다.

작센 출신의 수도자이자 신학자였던 루터는 연구를 통해서 오직 성경만이 복음주의진리의 원천이며 세속적인 행동이 아닌 오직 믿음으로만 구원받을 수 있다고 확신했다. 특히 지옥의 공포에서 안식을 얻을 수 있는 면죄부 판매에 반대해왔던 그는 작센에 온 로마의 성직자들이 성베드로 성당의 증축을 위해서 면죄부를 파는 모습을 보고 이 논제를 작성하게 되었다고 한다.

논제에서 루터는 거친 말로 '누가 면죄부를 설교하는가?'를 지적했다. "궤짝 밑에서 짤랑거리는 돈으로 연옥에 간혀 있던 영혼이 즉시 뛰쳐나온다고 설교할 신성한 권리는 없다." 그리고 교황에게 '가난한 신자의 돈이 아니라 교황의 돈으로 성베드로 성당을 증축하라'고 이의를 제기했다. 두말할 필요도 없이 가톨릭교회는 대혼란에 빠졌지만 1521년에 참석한 보름스회의에서 루터는 자신의 주장을 철회하지 않았다. "나 여기 있습니다. 신이시여 당신의 도움이 필요합니다. 나는 달리 어찌할 도리가 없습니다."

▲ 루터가 화장실에서 영감을 떠올렸다는 일화가 있다. 고고학적인 연구를 통해서 그가 사용하던 화장실은 바닥에서 열기가 올라오는 장치가 되어 있고 철학적인 사고를 할 수 있도록 잘 정비된 곳이었음이 밝혀졌다.

95

비엔나에서 불에 탄 회당의 수

크리스탈 나흐트(일명 '수정의 밤')는 1938년 11월 9~10일 밤에 유대인과 회당, 유대인 상점을 대상으로 발발한 거대한 폭력행위를 가리키는 표현으로, 깨진 유리의 밤이라고도 알려졌다. 이 집단학살의 핑계가 된 것은 파리에서 독일 외교관이 총격을 당한 사건이었다. 이 소식을 들은 아돌프 히틀러와 요제프 괴벨스Joseph Goebbels는 독일 내 유대인 공격에 대한 완벽한 구실이라고 생각했다.

오스트리아를 비롯해 독일 곳곳의 나치돌격대원과 불법무장단체들은 '자발적인 시위'를 가장하여 폭력적인 앙갚음을 벌이라는 명령을 받았다. 11월 9일 한밤중이 되기 직전, 게슈타포의 책임자 하인리히 뮐러Heinrich Muller가 모든 경찰서에 "독일 내 모든 유대인과 회당에 공격이 있을 예정. 개입하지 말 것"이라는 전보를 보냈다. 경찰은 유대인 희생자를 체포하라는 지시를 받았고 방화범들은 회당에 불을 질렀다.

학살 결과 91명의 유대인이 살해당했고 1,000개 이상의 회당과 7,500곳 이상의 유대인 소유의 사업장이 소실되거나 훼손되었으며 병원, 학교, 집, 묘지 등 공공기물이 파손되었다. 이 일로 유대인 사회는 폭동의 잔해를 치워야 했고 어떤 보상금도 받지 못했을 뿐만 아니라 막대한 단체벌금까지 부과되었다. 또한 약 3만여 명의 유대인이 체포되어 강제수용소로 끌려갔다.

크리스탈 나흐트는 나치스 치하에서 독일 유대인의 생존 가능성에 대한 일말의 환상마저도 깨져버렸음을 암시하는 사건이었다.

100

백년전쟁

백년전쟁은 글자 그대로 영국과 프랑스가 1337년에서 1453년까지 100여 년 동안 지루하게 치렀던 일련의 전쟁을 가리킨다. 전쟁의 원인은 아키텐령의 왕위 계승권을 둘러싸고 플랑드르에 영향을 미치던 영국과 스코틀랜드에 영향을 미치던 프랑스 사이의 갈등에 있었다. 영국왕 에드워드 3세^{Edward Ⅲ}는 모계혈통이라는 이유로 프랑스의 왕권을 물려받아야 한다고 주장했다. 1337년 영국은 플랑드르와의 양모무역 금수조치를 내렸다. 이에 대한 보복으로 프랑스의 왕 필리프 6세^{Philip Ⅵ}는 에드워드의 프랑스 소유 봉토를 몰수하겠다고 선언했고 이에 분개한 에드워드가 프랑스를 침략하기에 이른다. 프랑스가 잉글랜드보다 훨씬 더 크고 병력도 우세했지만, 자작농 궁수를 기반으로 한 전투전략이 발달했던 영국이 1346년 크레시에를, 1347년에는 칼레를 함락하는 큰 승리를 거두었다. 1356년에는 에드워드 3세의 아들인 흑태자 우드스톡의 에드워드^{Edward of Woodstock}가 푸아티에에서 대승을 거두며 프랑스 왕을 사로잡았다.

▼ 1346년 크레시 전투를 묘사한 필사본

트루아 조약

1370년대에 접어들면서 프랑스 왕 샤를 5세^{Charles Ⅴ}는 카스티야 왕국과 맺은 동맹으로 제해권을 얻게 되었고 덕분에 1372년 라 로셸에서 영국함대를 격파시킬 수 있었다. 1396년에 조인된 휴전은 헨리 5세가 영국의 새 왕이 되어 전쟁을 재개한 1415년까지 지속되었다. 그는 아쟁쿠르 전투(32쪽 참조)에서 프랑스에 압도적인 승리를 거두면서 노르망디를 점령했고 1420년 트루아 조약까지 체결했다. 이 조약은 샤를 6세$^{Charles VI}$가 그의 아들 드뺑$^{the Dauphin}$과 의절하고 앞으로 헨리와 헨리의 후손이 프랑스의 후계자가 되어 파리와 모든 북부 프랑스를 다스린다는 내용이었다. 이것은 영국이 프랑스에게서 획득한 가장 중대한 성과였다.

잔 다르크 $^{Joan of Arc}$

1422년 양국의 왕이 사망하자 영국의 소년왕 헨리 6세$^{Henry VI}$가 프랑스 왕위에 오르며 유일왕이 되었다. 하지만 드뺑은 헨리 6세를 인정하지 않았다. 머릿속에서 목소리를 들었다는 농부의 딸 오를레앙의 동정녀 잔 다르크에게서 용기를 얻은 드뺑의 군대는 영국군을 물리치기 시작했다. 1429년 잔 다르크는 오를레앙의 포위공격을 풀어 드뺑을 위기에서 구해주었고 랭스에서 드뺑이 샤를 7세$^{Charles VII}$로서 대관식을 치르는 동안에도 그의 곁에 있었다. 하지만 1431년 동맹이었던 브루고뉴의 배반으로 생포된 잔 다르크가 영국군에게 넘겨져 이단자라는 누명을 쓰고 화형에 처해지게 되었을 때 샤를 7세는 잔 다르크를 위해서 아무런 개입도 하지 않았고 오히려 그를 배신했던 브루고뉴와 다시 조약을 맺은 뒤 1436년 파리를 함락시켰다.

1450년 프랑스는 노르망디의 지배권을 회복했고 이듬해에는 300년 동안 영국이 소유권을 행사하던 아키텐과 보르도를 점령했다. 1452년 슈루즈베리의 기사 존 탤벗$^{John Talbot}$의 인솔로 원정군은 가스코뉴 지역의 일부를 회복했지만 이듬해 탤벗이 카스티용에서 살해당하자 보르도는 투항했다. 백년전쟁이 끝나자 프랑스에 남아 있는 영국의 거점이라고는 칼레뿐이었다. 영국군이 프랑스 땅을 다시 밟은 것은 루이 11세가 영국이 더 이상 프랑스를 침략하지 않도록 비밀리에 매수한 1475년이었고, 1558년 마침내 칼레는 프랑스에 함락되었다. 오랜 전쟁으로 프랑스 전역은 황폐해졌고 인구도 절반 이하로 감소했다.

▲ 15세기 후반에 그려진 '오를레앙의 동정녀 잔 다르크'

100

나폴레옹이 복귀한 나날

1815년 3월 20일, 나폴레옹^{Napoleon}은 역사상 가장 화려한 재기를 위해 파리에 도착했다. 하지만 100일 후 그는 영원히 사라졌고, 프랑스인들은 나폴레옹 시대의 격변과 전쟁이 절정으로 치달았던 이 시기를 '백일천하'라고 표현했다.

1813년 라이프치히 전투에서 패배한 나폴레옹은 연합군의 끈질긴 압력에 프랑스로 퇴각해야만 했다. 패배가 불가피했던 나폴레옹은 1814년 4월 왕좌에서 물러나 지중해 코르시카 근처의 엘베 섬에 유배되었다. 이곳에서 그는 작은 왕국을 다스렸고 1,500명 정도의 소규모지만 강력한 군사도 소유할 수 있었다. 한편 파리에서는 루이 18세^{Louis} ^{XVIII}가 즉위하며 부르봉 왕조가 복원되었고 유럽 열강들은 혁명 전의 구체제와 유사하도록 유럽의 새로운 체제를 정비하기 위해 비엔나에서 회의를 개최했다.

▲ 1812년 자끄 루이 다비드 (Jacques-Louis David)가 서재에 있는 나폴레옹을 그린 초상화. 나폴레옹은 이 그림을 보고 흡족해 했다. "자네는 나를 이해하는군. 친애하는 다비드여."

1815년 3월 아직 45세에 불과했던 나폴레옹은 도저히 이대로 물러날 수가 없었다. 그래서 부르봉 왕정복고와 비엔나에서의 권모술수에 대한 불만을 이용하기로 한다. 3월 1일 소규모의 군대로 칸에 입성한 나폴레옹은 가는 곳마다 지지를 얻으면서 북쪽으로 행진했다. 3월 7일 그러노블에서는 그를 막기 위해서 보낸 정부군이 그의 편으로 돌아섰고, 3월 13일 루이 18세는 파리에서 도망쳐 갠트로 망명했다. 일주일 후 수도에 도착한 나폴레옹은 자유민주적 입헌주의자로서의 권리에 근거하여 복위했다. 그는 사국 동맹(영국, 프로이센, 오스트리아, 러시아)의 필연적인 공격에 대비해 새 군대를 집결시키기 시작했다.

하지만 정치적 문제가 불거지면서 그의 복권에 대한 민중의 열광은 너무나도 빨리 가라앉았고 그것은 병력의 사기에 끔찍한 결과를 초래했다.

비엔나 의회의 참가국들은 각각 18만 명씩 군대를 재동원하기로 즉각 합의했다. 거의 모든 유럽의 연합체와 대치하게 된 나폴레옹은 그들이 연합하기 전에 각각 발 빠르게 공격해야 한다는 것을 알았다.

▲ 나폴레옹이 퐁텐블로 궁전의 중정에서 제국친위대에게 작별을 고하고 있다.

6월에 나폴레옹은 12만 8,000명의 병사와 358자루의 총기류를 구비하여 벨기에로 진군했다. 6월 16일에 리니에서는 프로이센을 물리칠 수 있었지만, 6월 18일 워털루에서는 웰링턴 공작의 앵글로 동맹군의 전열을 무너뜨리지 못했다. 마지막 날 마셜 블뤼허 Marshal Blucher가 지휘하는 프로이센군이 전투에 참여하면서 불안정하던 프랑스 군대는 갑작스럽게 무너졌다. 나폴레옹은 파리로 도주했지만 6월 22일 다시 폐위되어 엘바 섬을 떠나온 지 123일 만인 6월 29일에 파리를 떠났다.

7월 3일 미국으로 망명하려던 시도가 무산되자 나폴레옹은 라로셸에서 영국에 투항했다. 동맹군은 그가 절대로 돌아오지 못하도록 남대서양 한복판에 있는 외로운 전초기지인 세인트헬레나 섬으로 유배를 보냈고 1821년 5월 5일 사망할 때까지 갇혀 지냈다. 7월 7일 동맹군이 파리를 탈환한 다음날 루이 18세가 복위했다. '백일'이라는 단어는 왕을 환영하는 연설에서 그가 파리에 부재했던 기간을 대략적으로 나타내기 위해서 처음 사용된 문구였다.

125

선거민주주의

2015년 프리덤 하우스에서 실시한 '세계 자유 지수' 설문조사에 의하면, 전 세계 195개국 중 125개국이 선거 민주주의를 따르고 있으며, 그중 89개국이 자유시민이 거주하는 자유민주주의라고 한다. 이것은 전 세계 국가 중 46%, 전 세계 인구의 40%가 구속받지 않는 자유민주주의이며 대부분의 나라가 선거민주주의라는 뜻이다.

역사의 종말

미국의 사회학자이자 정치학자 프랜시스 후쿠야마Francis Fukuyama는 1992년 베스트셀러가 된 그의 저서《역사의 종언終焉과 최후의 인간The End of History and the Last Man》에 실린 통계자료를 통해 역사가 일종의 정점에 도달했다고 주장했다.

후쿠야마의 주장에 의하면 인간사회가 이념적/정치적 진화의 유형을 따르고 있으며 그 진화의 끝에는 가장 안정적인 형태의 정부, 즉 자유자본민주주의가 존재한다는 것이다. 그의 논지는 러시아와 동유럽에서 공산주의 붕괴의 물결을 타고 발전했는데, 그것은 두 가지 주요 정부 형태 중 하나인 사회주의가 동구권 전역에서 자유민주주의 앞에 무너진 것이라고 간주했다. 그런 이유로 후쿠야마는 자유로운 자본민주주의가 앞으로 전 세계 정부의 지배적인 형태를 차지할 것이며 어디에나 존재할 것이기 때문에 이념적/정치적 진화의 과정으로 정의할 때 역사는 종언에 이른다는 이론을 제기한 것이다. 그는 이것이 역사의 보다 통념적 견해인 사건의 끝을 의미하는 것이 아님을 설명하려고 애썼다.

후쿠야마의 논쟁은 독일 철학자 게오르그 헤겔^{Georg Hegel}의 역사적 관점을 점차 발전시킨 러시아계 프랑스 사상가 알렉상드르 코제브 ^{Alexandre Kojeve}의 이론을 정교화한 것이다. 헤겔은 역사를 사회적 변화를 만들어내는 전진적 발달로 보았고, 코제브는 이 변화가 '인정'받고자 하는 인간의 욕망과 인정 속에서 불평등을 바로잡기 위한 투쟁을 중심 으로 돌아간다고 주장했다. 권위주의 체제는 이 불평등을 영구화하려 고 했기 때문에 실패할 수밖에 없었던 운명이다. 자유민주주의와 글로 벌 자본주의는 인간 개개인의 독립된 영역을 만들었고, 그렇기 때문에 인정받고자 하는 욕망에 종언이 찾아오는 것은 불가피하다는 것이다.

논지 옹호하기

후쿠야마의 논지는 현실과 이론 양쪽 분야에서 많은 논란과 비판이 있었 다. 특히 9.11의 물결 속에서 종교적 원리주의와 자유자본민주주의에 대 한 이념적, 정치적 도전에 충분한 주의를 기울이지 않은 후쿠야마의 경솔 함이 도마 위에 올랐다. 후쿠야마는 이 같은 테러리스트의 공격을 '승산 없 는 싸움'이라고 주장했다. 그러나 프리덤 하우스는 '수많은 선거민주주의가 1990년대 초반 이후 극적인 변화를 겪지 않았다'는 점을 지적했다. 후쿠야 마는 〈*The Oxford Companion to Politics of the World*〉에 글을 기고하여 논쟁을 이어갔다.

"인간의 역사는 앞으로 나아가고 있지만 잘못된 진로와 역행으로 가득 차 있다. 하지만 20세기 말, 사람들이 지금까지 충분히 생각해내지 못한 비자 본주의, 비자유주의, 비민주주의 질서가 명백하게 존재할 가능성에 대해서 한 가지 의문이 남는다."

169

잉카제국의 정복자들

1532년 프란시스코 피사로 Francisco Pizarro는 106명의 보병과 62명의 기병만으로 수천 명의 거대한 잉카제국을 정복했다. 이것은 역사상 가장 대담한 첫수 중 하나로, 피사로의 통역관 프란시스코 헤레즈는 뻔뻔하게도 "스페인의 그 누구와 견줄 수 있단 말인가? 고대 그리스와 로마에서도 전혀 비견할 자가 없구나"라며 경탄했다.

제국을 정복하기 1년 전, 잉카제국의 해변을 밟은 피사로는 황제가 천연두에 걸려 세상을 떠난 이후 사파잉카(황제) 자리를 두고 우아스카르와 아타우알파 형제 사이에서 일어난 내란으로 잉카 제국이 분열되었다는 사실을 알았다. 내전에서 승리한 아타우알파가 1532년 11월 16일 피사로를 만나기 위해 8만 병력을 거느리고 카하마르카를 찾아왔다. 그들을 향해 기습 공격을 펼친 169명의 정복자들은 아타우알파와 수행원들을 7,000명이나 도륙하면서도 단 한 명도 사망하지 않는 역사상 가장 일방적인 전쟁을 기록했다. 아타우알파는 포로로 잡혔고 짐을 실은 수레들과 황족의 보물을 약탈당했다. 정복자들의 황금에 대한 욕망을 목격한 아타우알파는 자신이 갇혀 있는 방 높이(2.45m)만큼 황금을 가득 채워 몸값을 지불하겠다고 제안했다. 하지만 정복자들은 탐욕스럽게 보물을 받아 챙긴 후 1533년 7월에 아타우알파를 살해했다.

▼ 카하마르카에서 포로로 잡힌 아타우알파. 정복자들은 그를 잡기 위해서 들것병들의 팔들을 베어냈다.

297

팬텀시대(년)

독일의 연구가 헤리베르트 일리히^{Heribert Illig}와 한스 울리히 니미츠^{Hans-Ulrich Niemitz}가 발전시킨 놀라운 가설에 의하면, 종래의 연대기 중에 614~911년 사이의 시간은 실제로 존재한 적이 없었고 중세 초기(흔히 암흑시대라고 부른다)의 상당한 역사가 날조된 것이라고 한다. 이 이론에 근거해서 지금 이 글을 읽고 있는 당신이 몇년도에 있는지 알고 싶다면 해당 연도에서 297을 빼면 된다.

이 팬텀시대 가설(PTH)은 중세 문서의 일부 날짜에 분명한 차이가 있다는 것과 1582년 교황 그레고리 13세^{Gregory XIII}가 달력 형태를 다시 만들면서 윤일 때문에 생긴 약간의 차이를 바로잡기 위해 율리우스력에서 열흘을 없앴다는 것을 근거로 제시하고 있다. 이 열흘의 공백은 율리우스력을 쓰기 시작한 기원전 45년경부터 3세기 이상의 불일치를 무시하고 1,257년간 축적된 오차만을 바로잡은 것이다. 팬텀시대를 지지하는 사람들은 중세 서유럽 초기의 기록에 몇 가지 확연한 공백이 있다는 점과 암흑시대로 알려진 이 시기를 이끈 문화적 정체상태를 근거로 독일 황제 오토 2세가 자신의 치세를 중요한 시기인 서기 1000년에 가깝게 하기 위해서 980년경에 역사적 기록을 삽입해 614~911년의 기간을 위조한 것이라고 주장했다.

그런데 팬텀시대 이론의 중대한 결함은 이 주장이 절망스러울 만큼 유럽 중심이라는 사실이다. 그레고리력은 달력상의 명백한 불일치를 오로지 니케아공의회가 열린 해인 325년 이후부터 바로잡은 것뿐이라고 그 이유를 설명할 수 있다.

▲ 4세기 이래 축적된 오류를 바로잡기 위해 달력을 수정하여 팬텀시대 가설의 저자들을 혼란에 빠뜨린 교황 그레고리 13세.

325

니케아 공의회가 열린 해

초기 기독교 교회는 다양한 신도들의 수준 높은 자율성 덕분에 교리가 매우 다양했다. 특정 논란이 발생한 원인은 예수 그리스도의 본질과 하나님과의 관계, 즉 예수와 하나님의 실체가 동일한 존재인지 아니면 그들 사이에 서열이 있는지 여부 때문이었다. 이 논란은 4세기경 알렉산드리아인 장로 아리우스^{Arius}의 주장에 이름 붙여진 '아리우스의 논쟁'에서 비롯되었다. 이 논쟁이 교회에 심각한 무질서를 유발할 조짐을 보이자, 324년 열성적인 독단주의보다 질서 확립이 더 중요하다고 여긴 로마 황제 콘스탄티누스 1세는 이 소란을 근절시키고 싶었다.

▲ 제1차 니케아 공의회를 묘사한 동방정교회의 전통적인 성화.

그는 논란을 종식시키기 위해서 각 교회의 지도자들을 제1차 공의회('전 세계에서'라는 뜻)에 소집했는데, 이것은 로마 제국 전체의 기독교인을 포함한다는 의미였다.

콘스탄티누스 1세의 재촉에 논쟁하기 좋아하던 성직자들은 아리우스를 금지시키고 예수와 하나님이 하나라고 인정하는 교리 또는 믿음을 채택하기로 의견을 모았다. 후일 니케아 공의회는 기독교의 전설이 되었고 기독교의 중심 교리는 니케아 신조^{信條}라고 알려졌지만 실제로 니케아에서 채택된 교리와는 차이가 있다. 니케아 공의회의 주요 의의는 아마도 최초이자 가장 오래된 공의회 전통이라는 데 있을 것이다.

342

차 상자들

보스턴 차 사건은 영국이 미국에서 거둬들이는 조세제도에 대한 항의 시위였다. 결과적으로 이 사건은 미국에게 독립으로 향하는 길을 열어준 셈이었다. 1760년대에 접어들면서 미국 식민지와 영국 정부 사이에서 통치방식과 조세에 관한 논쟁과 갈등이 대두되기 시작했다. 1768년 보스턴에 대규모의 영국 병사들(주로 아일랜드 기독교인들)이 도착하면서 갈등은 더욱 악화되었다. 식민지 주민들과 군인들 사이의 일탈행위는 추잡한 사건들로 이어졌고, 1770년 돌을 던지는 군중에게 총을 발포한 보스턴 학살이 일어나면서 분위기는 절정에 이르렀다. 이 사건으로 11명의 시민이 총에 맞았고 그중 5명이 얼마 후 사망했다. 영국은 험악해진 분위기를 가라앉히기 위해 악명 높은 세금들을 폐지하면서 갈등은 완화되는 듯 보였다.

티타임

하지만 미국 식민지인들 여전히 영국의 굴레에 짜증이 나 있었고 적어도 가장 싫어하는 세금 하나가 아직 남아 있었다. 식민지에서 수입하는 차에는 여전히 세금이 부과되었기 때문에 대부분의 미국인들은 네덜란드에서 밀수입한 차를 구입하여 세금을 회피했다. 이것은 재정상 어려움을 겪고 있던 영국 동인도회사의 수익에 심각한 타격을 가했다. 대다수의 기득권층이 동인도회사의 주식을 갖고 있었기 때문에 1773년 영국 정부는 다세법을 통과시켰다. 다세법은 동인도회사가 관세 없이 미국 식민지에 차를 팔 수 있도록 허가한 법인데, 덕분에 밀수입한 네덜란드 차보다 가격이 훨씬 더 낮아졌다. 하지만 차에는 여전히 '파운드 당' 세금이 부과된 데다가 허가받은 소수의 판매자들을 통해서만 구입할 수 있었다. 미국 식민지인들은 이를 주에서 승인한 독점판매권을 내주면서 부과한 세금을 받아들이게 하려는 명백한 음모라고 생각했다. 그들은 수익성 좋은 판로를 차단당해 분노한 상인들의 지지를 받았다. 11월 말에 차를 실은 선박들이 도착하기 시작하자 보스턴에서는 불만이 최고조에 달했다.

자유의 아들들

화물인수자로 알려진 수취인에게 차를 포기하도록 촉구하는 대중집회가 열렸고 수취인들은 짐의 하차를 막는 시위자들에게 거세게 항의했다. 시위자들은 차를 영국으로 돌려보내고 싶어 했지만 짐을 20일 안에 하역하지 않으면 세관에 압수당할 수 있고, 세관에서는 이미 관세를 지불한 그 짐을 수취인에게 돌려줄 것이라는 것을 알았다.

사뮤엘 애덤스^{Samuel Adams}가 이끄는 보스턴 과격파 '자유의 아들들'은 이런 일이 발생하는 것을 용납할 수 없었다. 차가 압수당하기 전날인 12월 16일에 5,000여 시민이 모인 대중 집회는 차를 항구에 버리라고 요구하면서 끝이 났다. 그리고 세 시간여 동안 약 4톤 무게의 1만 8,000파운드의 값어치에 해당하는 342개의 차 상자가 항구에 버려졌다. 이 과정에서 어떤 폭동이나 약탈도 일어나지 않았다.

영국은 미국에서 '도저히 참을 수 없는 법' 또는 '강제법'이라고 알려진 일련의 제한법과 손해배상을 청구했다. 결과적으로 이것은 미국의 식민지인들을 화나게 했고 식민지에서 제1차 대륙회의 소집을 촉발시켰다.

▼ 보스턴 차 사건 당시 '인디언 옷'을 입은 자유의 아들들이 항구에 차를 쏟아 붓는 장면을 그린 19세기의 상상화.

410

로마가 브리타니아에서 철수한 해

지금도 학생들에게 가르치는 영국의 일반 역사에 의하면, 서기 410 년은 브리타니아(고대로마제국 시대의 영국)가 멸망한 해이다. 고대의 필경 사 조시무스Zosimus는 그 해에 호노리우스Honorius 황제가 "브리타니아에 편지를 보내 그들 스스로 방어하라는 명령을 내렸다."라고 기록했다. 로마 군단을 철수시킨 황제는 날이 갈수록 심해지는 게르만의 습격에 대해 앞으로는 도와주지 않겠다는 것을 명확히 했다. 암흑시대의 심연 으로 가라앉은 로마가 철수하자 브리타니아는 표류하기 시작했다.

하지만 이것은 지나치게 단순한 관점이며, 칙령으로 온 '호노리우스 칙서'는 사면초가에 몰린 로마 황제(얼마 지나지 않아 서고트 족에게 로마가 약탈당하는 모습을 고스란히 목격한)가 공표한 것이었던 만큼 아마도 브리타 니아와는 전혀 관련이 없었을 것이다. 칙령에 언급된 지역은 모두 이탈 리아 도시들이었고, 당시 로마에서는 군단을 조직하지 않았다. 아마도 브리타니아에서 철수했다는 '군단'은 콘스탄티누스 3세를 사칭하던 병 사의 민병대였을 것으로 추측된다.

5세기 초 제국의 지배력이 약화되면서 브리타니아 같은 지역은 사실 상 '독립'한 상태였지만 무정부 상태에 빠지지는 않았다. 로마노 브리 티쉬의 통치자는 대부분의 로마 문화와 라틴 언어와 기독교 종교를 유 지했다. 실제로 그 뒤를 이은 앵글로색슨의 '침략'이 현존하는 전통의 통합이었던 만큼 문화적 계보는 초기 브라타니아에서 앵글로색슨의 알프레드 대왕으로 이어진 것으로 간주한다.

600

푸에블로 보니토의 방들

　푸에블로 보니토는 아나사지족으로 잘 알려진 푸에블로족의 선조들이 만든 가장 큰 그레이트 하우스이다. 920~1150년경 오늘날 미국 남서부의 네 지역(유타 주, 콜로라도 주, 아리조나 주, 뉴 멕시코 주)에서 아메리칸 인디언 공동체가 번창했고, 그중 아나사지족은 뉴멕시코 북부의 차코 캐니언에서 번성한 공동체를 이루었다. 이곳에는 그레이트 하우스라고 알려진 수많은 방이 있는 복합구조물이 있었는데 이 구조물은 콜럼버스가 아메리카 대륙을 발견하기 이전까지 가장 큰 건축물이었으며 1880년대 시카고에 강철대들보로 만든 최초의 고층건물이 올라가기 전까지 아메리카에서 가장 높은 건물이었다.

　아나사지는 예전에 미국 남서부에 거주하던 선주민 나바호족이 붙인 이름으로 고대인들이라는 뜻이다. 그들은 숙달된 농업 기술, 넓은 도로와 무역망을 통해서 건조한 환경에서도 복잡한 도시문화를 유지할 수 있었다. 그 당시 차코 캐니언에는 1만 명 이상이 거주했고 6층 높이에 600개 이상의 방이 있는 푸에블로 보니토 같은 대규모 토목공사를 할 능력이 있었다. 하지만 푸에블로 보니토를 짓기 위해서 약 20만 개 이상의 거대한 통나무가 쓰였고, 이 삼림벌채로 인해 차코 캐니언 문화는 무너지기 시작했다.

▼ 19세기에 상상으로 복원해서 그린 뉴멕시코 차코 캐니언의 푸에블로 보니토.

622

헤지라가 일어난 해

아랍어로 '이주' '이민' '관계를 끊다'를 의미하는 헤지라 또는 히즈라는 메디나를 향한 탈출이라고도 알려져 있는데 이것은 이슬람 시대의 서막과 이슬람력의 원년을 나타내는 사건이었다. 622년 쿠라이시족의 상인이었던 무함마드는 메카에서 설교를 하고 있었다. 610년 신성한 계시를 받은 그는 613년부터 이슬람을 설교하기 시작했지만 메카에서는 조금의 성과도 얻지 못했다.

고대 카바 신전이 있었던 당시 메카는 아라비아반도 전역에서 공공연하게 이루어지던 이교도 숭배의 중심지였기 때문에 무함마드의 우상숭배와 다신교에 반대하는 설교는 소수의 사람들에게만 지지를 받을 수 있었다. 하지만 북쪽으로 320km나 떨어진 야스립에 그의 메시지가 성공적으로 퍼지면서 그곳에 번성한 무슬림 공동체를 세울 수 있었다.

622년 9월 메카의 권위자들이 무함마드를 암살하려는 계획을 세우고 있다는 정보를 얻은 무함마드와 동료 아부 바크르는 메카에서 탈출해 북쪽의 야스립으로 향했다. 이슬람에서 전해져 내려오는 구전에 의하면 무함마드의 탈출은 여러 차례 신의 개입 덕분에 가능했다고 한다.

후일 야스립은 '마디나트 알 나비'(예언자의 도시라는 뜻)라고 재명명되었으며, 더 간단히 '메디나(도시라는 뜻)'로 바뀌었다. 무함마드는 이곳에서부터 세력 기반을 다져 630년 정복자로의 모습으로 메카로 되돌아왔다. 히즈라는 '헤지라의 기원으로[AH, Anno Hegirae]'를 나타내는 해로 이슬람력의 시작을 의미한다.

673

돌격한 경기병 여단의 병사들

경기병 여단의 돌격은 1854년 10월 25일 발라클라바 전투 당시 벌어진 기병 작전이었다. 이 작전은 여단의 자멸을 초래한 용맹함, 무의미한 비극적 희생(지령을 오해해서 벌어진 일이다), 당시 보도 기사의 충격과 차후 알프레드 테니슨^{Alfred Tenny}의 시로 불멸화된 덕분에 악명이 높았다.

발라클라바 전투

발라클라바는 크림 전쟁 당시 세바스토폴에서 포위전을 벌이던 영국 해외파견군에게 보내는 보급화물의 집산지였다. 1854년 러시아 군대가 이곳을 목표로 진군했고, 러시아군 저지 임무를 맡은 것이 루컨 경의 기병사단인 중보병 여단과 경비병 여단, 그리고 레글런 경이 지휘하는 제93 하이랜더 보병 연대였다. 남과 북의 계곡에 평행하게 이루어진 전장은 코스웨이 고지라는 산마루로 분리되어 있었다. 러시아군은 발 빠르게 동쪽 발원지와 북쪽 계곡의 양 끝단에 자리 잡았지만 영국의 중보병 여단과 하이랜더를 마주쳤고 오스만군에게서 탈취한 대포를 옮기기 시작한 코스웨이 고지까지 격퇴당했다. 이때 레글런이 루컨에게 모호하기 짝이 없는 그 유명한 명령을 내렸다. "신속하게 앞으로 진격하여 적들이 대포를 옮기지 못하게 하라." 하지만 어느 쪽 앞인지 정확히 명시하지 않았고, 이 잘못된 전달은 곧 치명적인 비극의 씨앗이 되었다.

루컨이 자리 잡았던 북쪽 계곡의 서쪽 끝단에서는 코스웨이 고지에

▲ 카디건 경의 지휘 하에 '죽음의 계곡'으로 돌격한 경기병 여단은 삼면을 둘러싼 러시아군에게 대패했다.

서 러시아 군대가 어떻게 움직이는지 볼 수 없었기 때문에 공격해야 하는 대포가 어느 것인지 물었다. 명령 전달을 위임받았던 고압적인 전속부관 루이스 놀란 대위는 오만불손한 태도로 애매하게 동쪽을 가리키며 외쳤다. "저곳에 당신들의 적이 있습니다. 제군들의 대포가 저기에 있단 말입니다." 그의 태도에 화가 난 루컨 경이 673명의 경기병 여단을 담당하던 카디건 경에게 북쪽 계곡의 발원지에 있는 러시아 포대를 향해 돌격하라는 명령을 내렸다. 삼면이 적군의 포병대로 둘러싸인 계곡 아래를 따라 돌격한다는 것은 자살행위와도 같은 몹시 위험한 행동이었다. 경기병 여단은 목표물을 따라잡으려고 애썼지만 퇴각할 수밖에 없었고 다시 한 번 러시아 포병대의 집중공격을 받아야 했다.

작전이 끝났을 때 247명의 병사가 사망하거나 부상을 당했고 475마리의 말도 사라지고 없었다. 돌격대의 선두에 서서 달리던 놀란은 카디건에게 자신의 실수를 알리려고 했지만 초반에 사망한 전사자 중 한 명이 되었다. 공격은 완벽한 실패로 끝났지만 경기병 여단의 불굴의 용맹함은 빅토리아 여왕 시대에 살던 영국인들의 심금을 울렸고 그들의 희생은 새로운 계관시인 테니슨의 시를 통해 불멸의 이름을 남겼다.

"그들이 감행한 이 무모한 공격에 온 세상이 전율했다네. 그들의 돌격에 경의를! 숭고한 600명에, 경기병 여단에 영광 있으리."

751

탈라스 전투가 일어난 해

탈라스 전투는 중앙아시아의 탈라스 강 언덕에서 아랍군과 중국군이 격돌했던 유일한 순간이다. 이 패배로 중국은 그 지역에서 점차 철수하게 되었고 탈라스는 몇 세기에 걸쳐 이슬람 세력권이 되었다. 결과적으로 탈라스 전투는 광대한 중앙아시아 지역의 미래를 결정지은 역사적 전환점이었다고 할 수 있다.

트란스옥시아나

중국을 다스리던 당나라는 실크로드를 따라 서쪽으로 타림 분지와 트란스옥시아나의 국경까지 세력권을 확장시키고자 했다. 당시 동서양 사이의 무역로였던 이곳은 아시아에서 가장 부유한 지역 중 하나였다. 한편 우마야드 왕조 치하에서 이슬람 세력도 동쪽으로 영토를 확장시키면서 트란스옥시아나까지 점령했다. 이러한 상황에서 그들 사이의 의존국들은 자신들의 처지와 생존을 걸고 싸울 수밖에 없었다.

750년경 이슬람 세력권에서는 우마야드 왕조가 페르시아 지역의 호라산에 자리를 잡은 세력기반 아바스조에 전복되어 대학살을 당하는 등 대규모 반란으로 몸살을 앓고 있었다. 이슬람 세력의 중심은 불현듯 동쪽으로 이동했는데, 그들에게 중앙아시아 땅은 더 이상 멀지도 않고 지엽적인 걱정거리도 없는 곳이었다. 747년 당나라는 서역을 진정시키기 위해 고려의 유명한 고선지 장군의 군대를 보냈다. 그는 티벳을 패배시키고 그 지역의 통치권을 넘겨받았다. 750년 고선지 장군은 지역분쟁에 휘말려 투르케스탄의 서쪽에 있는 페르가나로 행군했는데, 참수당한 그 지역 왕의 아들이 아랍의 지원을 받기 위해 달아나는 사건이 발생했다.

카를룩족의 변절

이 일은 아랍 쪽에서 기다려온 빌미가 되어 티벳과 위구르족을 비롯한 지야드 이븐 살리의 군대가 중국 국경을 향해 진군했다. 카를룩투르크의 지원으로 3만~10만 군대(출처가 중국인지 이슬람인지에 따라 다르다)를 집결시킨 고선지 장군은 탈라스(아마도 이 이름을 가진 현대의 도시가 아니라 오늘날

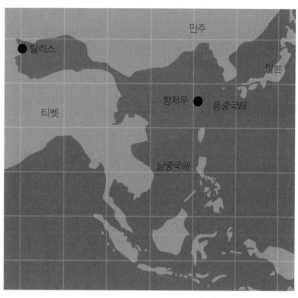

▲ 중국의 지배력이 서쪽으로 얼마나 확장되었는지 알 수 있는 약 700년경 당 제국의 크기.

카자흐스탄인 잠불에 가까울 것이다)에서 그들과 접전을 벌였다. 닷새 후 카를룩족이 상대편으로 돌아서면서 고선지의 군대는 패배할 수밖에 없었다. 13~14세기의 이슬람 역사가 알 다하비al-Dhahabi는 다음과 같이 기록했다. "신이 중국인의 마음속에 공포심을 던졌다. 승리는 우리에게 다가왔고 불신자들은 패주했다." 탈출한 고선지는 중국으로 돌아갔지만 수많은 병사들은 포로가 되어 사마르칸트로 압송되었다.

타림 분지에서 당나라군이 몰살되자 티벳은 이 지역의 지배권을 회복할 수 있었다. 당나라는 이 일을 알았지만 국내에서 일어난 대규모 봉기를 진압하느라 손을 쓸 여력이 없었다. 이때부터 심각하게 약해진 당나라는 다시는 서역의 지배력을 회복하지 못했고 서투르크는 이슬람 세계로 흡수되었다.

《기묘하고 재미있는 정보에 관한 책》을 저술한 11세기의 아랍 작가 타알리비Thaalibi는 중국 포로들이 종이 만드는 비법을 밝혔고, 사마르칸트가 종이 제조업의 중심지로 바뀌면서 제지 기술이 빠른 속도로 이슬람 세계에서 유럽으로 전파되었다고 했다. 탈라스 전투 이전에도 이 지역에서 종이가 만들어졌다는 고고학적 증거는 발견되지만 아랍의 승리와 차후의 패권이 종이의 서역 전파를 가속화시킨 것이 분명하다.

800

샤를 대제가 황제로 즉위한 해

742년에 태어난 샤를마뉴^{Charlemagne}(샤를 대제)는 서유럽 대부분을 정복하고 마침내 로마 황제의 권한까지 위임받은 카롤링거 왕조의 프랑크 왕이었다. 프랑크의 이름뿐인 왕 메로빙거 왕조의 숨은 실세였던 샤를의 아버지 단신 페펭 3세^{Pepin the Short}은 751년 마침내 메로빙거의 마지막 왕 킬데리크 3세^{Childeric III}를 폐위시키고 카롤링거 왕조와 긴밀한 관계였던 교황의 도움으로 왕위에 오르게 된다. 768년 페펭 3세가 사망하자 관례에 따라 그의 두 아들이 프랑크 왕국을 분할 통치하다가 771년 형 카를로만^{Carloman}이 사망하면서 샤를이 프랑크의 유일한 지배자가 되었다.

180cm이 훌쩍 넘는 장신에 힘이 세고 인상적인 외모의 샤를은 읽는 법을 배우지는 않았지만 라틴어와 그리스어를 조금 말할 수 있었고, 학문과 문화에 대한 식견이 날카로웠다. 로마제국 땅을 회복하고 지배하겠다는 원대한 야망을 가진 그에게 교회는 그런 목적을 이룰 수 있는 중요한 수단이었을 것이다. 그래서 그는 국가를 다스리는 강력한 도구로 교회를 개혁하는 작업을 진행했다.

카롤링거 르네상스

772년부터 샤를은 게르만 이교도 부족을 정복하고 칼날 앞에서 그들을 기독교로 개종시키면서 유럽 정복사업을 시작했다. 제일 먼저 롬바르드족을 정복하여 이탈리아 북부와 아드리아 해 해안의 지배권을 얻었다. 770년대 후반의 스페인 침공 시도는 실패했지만 작센 지방에 대한 침략 시도는 끝날 줄을 몰랐고 782년 4,500명의 죄수를 처형했다고 밝힌 페르덴에서 유혈사태는 절정에 다다랐다. 그와 동시에 요크의 앨퀸Alcuin과 파울루스 디아코누스Paulus Diaconus 같은 중진학자들을 불러들여 수도 아헨의 궁정 주변을 중심으로 문화적 르네상스를 이끌었다.

로마의 황제

그의 더없는 영광은 796년 비잔틴제국의 모후 이레네가 아들이자 황제인 콘스탄티누스 6세의 눈을 멀게 하고 폐위시킨 내란 음모 이후에 찾아왔다. 이레네는 스스로 여제를 선언했지만 요크의 앨퀸은 황제의 자리가 사실상 공석이라고 주장했다. 그러자 800년 성탄절 날 꼭두각시 교황 레오 3세가 로마에 온 샤를마뉴에게 로마 황제의 왕관을 씌워주었다. 당시 샤를마뉴의 지배력과 명성이 닿는 범위는 그해에 머나먼 바그다드에서 아바스 왕조의 칼리프 하룬 알 라시드의 대사가 선물을 싣고 온 예로 충분히 알 수 있다.

813년 병에 걸린 샤를마뉴는 아들 경건왕 루이 1세Louis the Pious를 공동 황제로 즉위시킨 뒤 피레네 산맥에서부터 발트 해까지와 영불해협에서 달마시아의 아드리아 해 해안에 이르는 지역까지의 종주권을 물려주고 이듬해에 사망했다.

광대했던 카롤링거 제국은 그리 오래 가지 않았다. 샤를마뉴의 사후 황위를 계승한 루이 1세의 유약함과 아들들의 다툼으로 제국은 또다시 분열되었기 때문이다. 하지만 19세기 초 나폴레옹 전쟁을 거치며 소멸될 때까지 황제의 자리는 게르만 통치자에게만 전해 내려왔다.

▼ 샤를마뉴가 사망한 지 700여 년이 지난 후, 알브레히트 뒤러(Albrecht Durer)가 황제 대례복과 휘장을 두른 샤를마뉴의 화려한 모습을 상상하여 그렸다.

846

촐라 왕조의 부흥

846년 촐라 왕조의 비자야라야 왕은 마침내 드넓은 아대륙의 일부를 정복하고 통합한 남인도에 새로운 세력이 출현했음을 알리며 팔라바 왕조에게서 탄조르 지역을 점령했다. 1세기 이후 인도 남부의 작은 왕국을 다스리던 타밀족이 세운 촐라 왕조는 팔라바 왕조의 지배를 받았다. 당시 남인도는 칸치푸람에 수도를 둔 팔라바 왕조, 바다미에 수도를 둔 찰루키아 왕조, 마두라이에 수도를 둔 판디아 왕조 등 경쟁관계의 수많은 나라와 제국들로 조각조각 쪼개져 저마다 우위를 차지하기 위해 끊임없이 전쟁이 벌어지는 상황이었다.

9세기 후반 촐라 왕조는 이런 세력들 간의 공방전 끝에 방해자가 사라지면서 부흥할 수 있었다. 찰루키아 왕조의 비자야아디트야 3세가 팔라바 왕조와 판디아 왕조에 큰 성과를 거두었지만, 촐라의 권능한 왕 아디트야 1세(870~906)가 팔라바 왕조에 이어 판디아를 정복했고, 라자라자 1세(985~1014년 통치)와 그의 후계자 라젠드라(1014~1044년 통치) 치하에서 정점에 이르면서 찰루키아 왕조마저 스스로 촐라 제국에 흡수되었다. 994년 라자라자는 반도의 남쪽을 통합하고 스리랑카를 침공하면서 체라 왕조와 판디아 왕조를 정복했으며 북쪽으로는 갠지스 강까지 진출했다.

촐라가 남인도를 지배한 것은 타밀 문화가 번성하고 무르익은 것으로 알 수 있으며 촐라의 조각, 회화, 건축 등은 고대 남인도문화의 정점을 나타낸다. 라젠드라의 통치 아래 절정에 달했던 제국은 빠른 속도로 쇠락하기 시작해 마침내 13세기 초반에 멸망했다.

▲ 시바 여왕이 촐라의 라젠드라 왕에게 왕관을 씌워주고 있다.

869

티칼에서 발견된 비문에 새겨진 해

마야의 도시 티칼에서 발견된 석비(석조 명패)의 비문에 새겨진 마지막 날짜는 869년이다(마야의 장기달력으로는 약 10.1.19.15.10년경). 티칼은 마야문명의 전성기였던 고대에 가장 큰 도시였고 이 석비에 새겨진 날짜는 대략적으로 쇠락하기 시작한 시기에 가까울 것이다. 고대 마야의 심장부를 가로지르는 파멸의 물결을 그림으로 표현한 다른 고대 마야도시의 비문에 마지막으로 기록된 해는 다음과 같다. 퀴리구아 810년, 코판 822년, 카라콜 859년, 티칼 869년, 마지막으로 오늘날 멕시코의 도시 토니나가 909년이다.

사라진 도시

티칼의 멸망은 인간의 시야에서 자취를 감출 만큼 완벽했다. 1525년 에르난 코르테스가 이 지역을 행군했을 때 도시를 몇 킬로나 지나면서도 전혀 자각하지 못했다고 한다. 1841년 탐험가 존 로이드 스티븐스와 프레데릭 캐더우드가 수많은 마야 유적지를 대대적으로 조사했지만 티칼은 발견하지 못했다. 상대적으로 이보다 조금 이른 시기에 티칼은 6만 명 정도의 대규모 인구가 거주한 거대도시였다. 고고학자 로버트 쉐어러가 '인간 역사상 가장 심오한 문화의 실패 중 하나'라고 묘사한 이 인구 몰락의 미스터리는 현대문명에 전하는 가장 무시무시한 경고인지도 모른다.

티칼은 과테말라에 있는 버림받은 폐허의 도시이다. '물웅덩이에서' 라는 의미가 담긴 도시명 티칼은 마야 제국이 확장시킨 자연저수지를 가리킨다. 그들의 문명은 수문학 기술의 놀라운 위업 덕분에 가능했다. 굳이 말하자면 티칼은 현대적인 명칭이며 상형문자로 쓰인 비문을 보면 마야에서는 그 도시를 약스 무툴이라고 불렀다고 한다.

마야인들이 티칼에 정착한 시기는 기원전 800년까지 거슬러 올라가지만 도시의 중심부인 그레이트 플라자는 기원전 200년경까지 정해지지 않았다. 도시는 마야문명의 고대시대(약 250~900년경) 동안 번성했다. 4~6세기까지 초기의 성공기에 뒤이어 티칼 틈새기라고 알려진 6세기 말에서 672년까지 몇 개의 비문이 만들어진 8세기에 도시는 정점을 맞이했다. 64m에 이르는 거대한 계단식 피라미드를 비롯해 궁전(정부 건물), 천문대, 운동 경기장, 방죽, 집 등 3,000개가 넘는 건물들이 도시 중심에 우뚝 솟은 플랫폼이나 아크로폴리스 위에 건설되었다. 도시의 면적은 52km²(다른 측정 자료에 의하면 122㎢)나 되었고 인구는 6만 명 전후에 이르렀다.

멸망

과테말라의 저지대는 겉으로는 무성해 보이지만 실제로는 강수량이 불규칙하고 토양의 비옥도가 일단 고갈되었다가 매우 느린 속도로 회복되고 있는 광활한 지역인 만큼 빈약한 농경지라고 할 수 있다. 많은 인구를 먹여 살려야 했던 마야 제국은 부족한 강수량을 수확하는 데 사용하고 절약하기 위해서 자연분지를 확장시키고 집약적인 관개기술까지 개발했다. 하지만 티칼이 커지면서 이미 고갈된 불모지를 이용하기 시작했고, 수목처럼 지속적으로 이용할 수 없는 자연자원이 고갈되면서 삼림벌채와 토양침식이 진행되었다. 9세기에 몇 차례 심각한 가뭄이 찾아오면서 건기가 시작되는 모습이 발견되는데 분명 혹독한 환경적 압박이 있었을 것이다. 티칼의 수많은 거대 건축물이 불에 타버렸고 고대 마야도시 전체가 붕괴했다. 생존자들은 티칼을 아름다운 폐허로 남겨둔 채 중앙아메리카의 다른 지역으로 이동했다. 마야 문명은 그곳에서 정복자들이 도착한 16세기까지 지속되었다.

887

이스터 섬의 모아이

칠레 본토에서 서쪽으로 3,500km 떨어진 태평양 한가운데에 라파누이라는 선주민 부족이 살았던 이스터 섬에는 887개의 거석 또는 모아이가 있다. 일부 모아이는 '아후'라고 하는 기단 위에 세워졌지만 대부분은 조각되었던 채석장에 남아 있다. 이스터 섬의 상징이자 오랫동안 풀리지 않는 미스터리였던 모아이는 이 섬에 일어난 생태학적, 사회적 비극의 원인이었을 것이다.

비교적 조각하기 쉬운 응회암(화산재가 굳어져 만들어진 돌)으로 만들어진 모아이는 아마도 족장이나 조상을 표현한 것으로 이들은 하늘과 땅 사이에서 중재자 역할을 했던 것으로 추측된다. 하지만 최초의 유럽인 탐험가가 도착한 1722년 당시 선주민 문명은 이미 붕괴했고 빠른 속도로 인구가 감소했기 때문에 진실을 아는 이는 아무도 없다. 대부분의 모아이는 1400년에서 1600년 사이에 조각된 것으로 추정된다. 887개의 모아이 중 288개만이 아후에 세워졌고 397개는 라노 라라쿠 채석장에 버려져 있으며 92개는 채석장으로 이어지는 길에 방치되어 있다. 모아이의 평균 높이는 4m, 무게는 12.7t이다. 1774년 쿡 선장이 섬을 방문했을 때 대부분의 모아이는 누워 있었는데, 이 거상을 옮기기 위해 무분별한 삼림벌채가 이루어졌고 족장과 종교인에 대한 반란으로 석상을 쓰러뜨리면서 생태학적, 사회적 붕괴가 진행된 것으로 파악된다.

▼ 이스터 섬의 모아이. 사람들의 생각과는 달리 석상에게는 머리만 존재하지 않는다. 석상은 보통 몸통과 다리 바로 윗부분까지 있다.

1,000

천년왕국

    서기 525년 스키타이의 수도사 디오니시우스 엑시구스는 "올해가 우리 주 예수 그리스도의 생애가 시작된 지 525년째 되는 해입니다"라고 하면서 AD(Anno Domini, 그리스도 기원 후) 개념을 도입했다. 당시에는 당해 연도를 247년으로 나타내는 연대결정법이 우세했는데, 디오니시우스의 제안에는 250년 후 그들에게 다가올 종말에 대한 사람들의 두려움을 멈추게 하고 싶다는 동기가 숨어 있었다. 예수가 등장한 지 500년이 지나면 재림할 것이라는 기독교 종말신학(종말과 심판의 날을 포함한 종말론 연구)에 대한 중압감이 있었기 때문이다. 이론상 200여 년을 건너 뛰어 곧장 525년으로 감으로써 종말론 문제를 완전히 피해간 것이다.

종말의 날

    디오니시우스의 AD 체계는 500년을 늦춤으로써 골칫거리를 간단히 밀어붙이는 모험을 감행하고 있지만 이로 인해 1000년은 그야말로 종말론과의 연관성을 훌륭하게 결부시킨 날짜가 되었다.

    요한계시록에 의하면 재림 때 예수가 와서 천 년 동안 이 땅을 다스리는 동안 사탄은 무저갱에 갇혀 있게 된다고 한다. 기독교 신학에서는 이 시기를 천년 왕국이라고 하며 이후 종말과 최후의 심판이 이어진다는 것이다. 나중에 개신교 종파는 천년 왕국의 글자 그대로의 뜻을 믿었고 초기 기독교 역시 그러했던 것 같다. 하지만 서기 1000년경의 사람들도 달력 끝의 천 년이 지닌 방대한 종말론적 의미와의 연관성을 믿었을까?

▲ 미켈란젤로가 그린 '최후의 심판' 세밀화. 바티칸의 시스티나 성당에 있다.

증거의 차이

그들은 그 시기 이후로도 계속 날짜를 제시했다. 천년왕국의 공포를 처음 언급한 것으로 알려진 사람은 1500년경 독일 출신의 수도원장 요하네스 트리테미우스였다. "많은 사람들이… 최후의 날이 가까워지고 있다는 공포심에 사로잡혀…, 현세가 1000년에 끝날 것이라는 거짓된 계산에 기만당했다."

문명화된 현재 시점에서 비이성적이고 미개한 과거를 돌아보면 흔히 역사의 진보적 관점이라는 맥락상 천년왕국에 대한 믿음은 통념으로 받아들여진다. 19세기에도 일부 역사가들은 동시대의 역사적 증거가 전무한 것을 고려해 천년왕국에 대한 공포의 실체에 의문을 갖고 있었고, 오늘날에는 그런 일이 결코 일어나지 않으리라는 것이 주류적인 해석이다.

1969년《Encyclopedia of Apocalypticism》을 저술한 버나드 맥긴은 다음과 같이 주장했다. "중세인들은 끊임없이 종말이 일어날 가능성의 상태에서 살았다. (따라서) 서기 1000년경의 종말에ㅂ 대한 공포가 중세의 다른 시기보다 훨씬 더 보편적이었다고 장담할 수 없다."

1788

오스트레일리아에 첫 함대가 도착한 해

1788년 1월 26일은 흔히 오스트레일리아가 발견된 날이라고 알려져 있다. 하지만 이 날은 영국이 오스트레일리아를 재소자와 간수들의 정착지로 삼기 위해 포트 잭슨 항구에 첫 함선이 입항하여 시드니 만 땅을 밟은 날이다. 1월 26일은 오스트레일리아 데이라는 기념일이기도 하지만 수많은 토착민들에게는 어둠이 드리워진 날이기도 하다.

영국이 오스트레일리아를 유형지로 만들려는 계획은 거대한 미국 식민지를 잃은 직후부터 진척되기 시작했다. 영국에게 미국의 독립은 넘쳐나는 재소자들을 더 이상 실어 나를 수 없다는 뜻이었다. 쿡 선장과 함께 오스트레일리아의 뉴 사우스 웨일즈를 방문한 조지프 뱅크스 경^{Sir Joseph Banks}은 보터니 만이 완벽한 유형지가 될 것이라고 추천했다. 그래서 1784년 영국 정부는 '바다 너머의 어떤 곳'을 죄수유형지로 선택할 수 있도록 "중죄인과 그 밖의 범죄자들의 효과적인 이주법"을 통과시켰다.

1787년 5월 13일 아서 필립^{Arthur Phillip} 선장의 지휘하에 첫 번째 함선이 출항했다. 배에는 500명의 남자 죄수와 250명의 여자 죄수가 승선했는데 항해 중에 해군 1명과 23명의 죄수들이 사망했다. 36주의 항해 끝에 보터니 만에 도착한 함대가 발견한 것은 사람이 살기에 적합하지 않은 척박한 땅이라는 사실뿐이었다. 그래서 그들은 사람이 살 수 있을 만한 북쪽으로 이동해 포트 잭슨에 입항했고 선장은 이곳에 친구 시드니 경^{Lord Sydney}의 이름을 붙였다. 이 역사적인 날 해군과 그들의 가족을 비롯한 1,023명이 육지에 올라섰다.

서 오스트레일리아에 마지막 배가 도착한 1868년 1월 9일까지 80년이 넘는 기간 동안 이곳에는 15만 8,829명의 죄수들이 유배되었다.

1939

제2차 세계대전 발발

제2차 세계대전은 인류 역사상 가장 큰 무력충돌이었다. 하지만 1939년에 불거진 전쟁의 발단은 전(前)시대의 세계 열강들이 충돌하면서 파생된 유럽의 몸부림으로 볼 수 있다. 전쟁의 원인은 1930년대를 관통한 경제대공황에 있었다. 대공황으로 인해 재무장과 군사작전에 대한 미국이나 영국, 프랑스 같은 열강들의 능력과 욕망이 약화된 반면, 제1차 세계대전 이후 체결된 파리강화조약 때문에 고통당해온 나라들의 불만과 고충은 심화되었기 때문이다.

▼ 주데테란트에서 온 여성이 울먹이며 나치의 거수경례를 하고 있다. 미국에서는 '독일국가주의'의 위험성을 경고하는 용도로 사용하는 장면이다.

스트레사에서의 마지막 기회

대공황은 독일에 경제적 파탄과 사회적 격변을 일으켰고 1933년부터 히틀러와 나치는 독재 권력을 장악하기 위한 포장작업을 하고 있었다. 히틀러는 이미 독일의 미래에 대한 자신의 비전을 펼치는 중이었다. 그것은 베르사유 조약의 부당함을 바로잡고 동유럽을 점령하여 무자비한 독일화를 넘어서 생존권을 장악한다는 내용이었다. 독일은 거의 즉각적으로 베르사유 조약의 규제 사항을 위반하고 재무장하기 시작했고, 1935년 3월 히틀러는 징병제 재개와 독일공군 재건을 선언했다.

4월 이탈리아의 스트레사에서 열린 회담에서

영국, 프랑스, 이탈리아가 이 움직임을 규탄하고 오스트리아의 독립을 선언하기 위해 연합했다. 히틀러가 태어난 오스트리아가 공격 목표임이 분명했기 때문이다. 하지만 이 '스트레사 전선'이 일찌감치 분열된 것이 역사적 전환점이 되었는지도 모른다. 영국과 프랑스는 갑작스럽게 히틀러의 편으로 돌아서서 에티오피아를 침공한 이탈리아에 항의했다. 영국이 독일의 해군 재무장을 어쩔 수 없이 눈감아주면서 독일군은 파죽지세로 라인란트를 재점령했다. 히틀러가 다른 나라를 침략해도 영국과 프랑스가 유화정책으로 나올 것이라고 확신한 것은 아마도 스페인 내전에서 파시스트에게 무기를 제공하는 독일과 이탈리아의 뻔뻔한 행태에도 공화당에 대한 영국과 프랑스의 지원이 약화되었을 때였을 것이다.

▲ 독일이 주도한 오스트리아와의 합병 직후 비엔나에서 히틀러와 다른 나치 지도자들.

유화정책의 실패

그에 따라 1938년 3월 영국과 프랑스는 히틀러의 게르만-오스트리아의 무력통합을 묵인했고, 1938년 말에는 체코슬로바키아의 주데텐란트 점령을 용납했다. 영국과 프랑스는 체코슬로바키아의 다른 지역들의 자주권을 보장해주겠다는 히틀러의 확답을 믿고 한 번 더 유화정책을 선택했다. 하지만 1939년 3월 이 확답은 먼지처럼 사라졌다. 독일은 아무런 저지도 받지 않고 보헤미아와 모라비아의 체코 지역으로 진군했고 곧이어 리투아니아의 일부를 합병했기 때문이다.

유화정책이 무용지물이었다는 증거가 드러나자 영국과 프랑스는 다음 사선이 될 것이 분명한 폴란드의 독립을 지키기로 합의했다. 다급해진 연합국은 서둘러 재무장할 수밖에 없었지만 히틀러의 원대한 계획은 이미 진행 중이었다. 프랑스가 마지노선을 넘는 모험을 하지 않을 것이라고 계산한 히틀러는 군대를 동쪽으로 집결시켰다. 계획의 마지막 퍼즐조각은 독일과 소비에트 연방이 폴란드를 분할하기로 하고 비밀리에 불가침조약에 합의한 1939년 8월 23일에 맞춰졌다. 6일 후 독일이 폴란드를 침공했고, 이틀 후 프랑스와 영국은 독일에 전쟁을 선포했다.

1947

인도와 파키스탄의 분할과 독립

　제2차 세계대전 당시 영국은 인도의 독립을 늦추기 위해 총력을 기울였다. 하지만 이런 노력이 실패하자 1942년 처칠은 스태포드 크립스 경Stafford Cripps를 인도로 보냈다. 크립스는 간디Gandhi와 자와할랄 네루Jawaharlal Nehru에게 인도가 전쟁을 지원해주는 대신 종전 후 인도에 온전한 자치령의 지위를 주겠다는 거래를 제안했다. 간디가 "실패한 은행에서 발행한 선일자수표"라며 그 제안을 거절하자 영국은 계엄령을 선포하고 반대하는 사람들을 무력으로 악랄하게 진압했다. 하지만 램프의 요정은 더 이상 병 속에 갇혀 있지 않았다. 전쟁이 끝나자 영국은 인도에서 철수할 수밖에 없는 상황이었다. 1946년 10월 영국의 인도 총리 웨이벌 경Lord Wavell이 기록한 일기의 내용이다. '인도에서 보낸 우리의 시간은 한계에 다다랐고 사태를 통제할 수 있는 힘도 거의 사라졌다.' 종전 후 영국에 새 노동당 정부가 취임하자 인도에서의 철수는 그 어느 때보다 확고해졌다.

▼ 간디와 식민지의 마지막 총독이자 인도 정부의 첫 총독이었던 마운트배튼 경 부부.

　하지만 정권을 넘겨받은 인도는 힌두–무슬림 갈등이라는 매우 골치 아픈 문제에 직면했다. 네루와 국민회의파는 인도가 분할되어서는 안 되며 그들이 이끄는 정부가 나라 전체를 다스려야 한다는 의견이 확고했다. 무하마드 알리 진나Muhammad Ali Jinnah가 이끄는 무슬림연맹은 다수의 힌두가 지배하는 인도에서 무슬림은 영원한 소수민족이 되리라는 것을 예견했다. 진나는 무슬림 국가로 독립하거나 적어도 느슨한 연방에서 무슬림 지역에 대한 고유의 자치권을 원했다. 하지만 의회는 강력한 중앙 자치권만이 국가를 통치하는 성공적인 방법이라고 생각했다.

공동 대학살

1946년 엄청난 규모의 분열이 시작되었다. 식량난으로 폭동이 가속화되면서 힌두 – 무슬림 간에 폭력사건이 발발했고 전국에서 양측의 대학살이 자행되었다. 인도는 피비린내 나는 내전과 종파 전쟁 속으로 빠져들었다. 영국은 독립협상을 재촉하기 위해 애썼다. 영국 수상 클레멘트 애틀리^{Clement Attlee}는 1948년 6월로 기한을 정했지만, 새 총독 마운트배튼 경^{Lord Mountbatten}이 1947년 8월로 앞당기며 분리가 불가피하다는 결정을 내렸다. 인도는 중앙 힌두 정부의 양 옆으로 각각 벵갈과 편잡 지방의 일부를 차지한 무슬림 정부인 동파키스탄과 서파키스탄으로 나누어졌고 동파키스탄은 나중에 방글라데시가 된다.

1947년 7월 영국 의회는 인도 독립법을 통과시켰는데, 그것은 인도와 파키스탄의 지배권을 1947년 8월 14~15일 한밤중에 경계선을 그어 정한다는 내용이었다. 경계선 위원들은 다수의 무슬림과 다수의 힌두교들을 분리해낼 국경선을 그리기 위해 편잡과 벵갈 지방에 분할선을 그리며 달렸다. 그런데 국경선 그리기는 역사상 가장 큰 집단 이동 중 한 사건을 촉발시켰다. 새 국경선의 '반대편'에 남게 될 것을 두려워한 1500만의 힌두인, 무슬림, 시크교도들이 터전을 떠나 도망쳤고 100만 명에 가까운 인구가 학살당하는 끔찍한 사건이 벌어졌기 때문이다. 하지만 인도는 네루의 체계적인 관리로 세계에서 가장 큰 민주주의 국가로 성장했다.

광신도의 희생자

분리 이후 벌어진 폭력사태에 끔찍한 충격을 받은 간디는 가장 심하게 타격을 받은 몇몇 지역을 걸어서 지나감으로써 대학살을 진정시키려 했다. 이런 노력에도 불구하고 카슈미르에 새로 세워진 두 나라 간의 비공식적 전쟁은 종식되지 않았고, 1948년 1월 30일 간디는 힌두교 광신도에게 피살되었다.

1956

수에즈 위기

수에즈 위기는 영국과 프랑스가 이스라엘과 공모하여 이집트의 가말 압둘 나세르^{Gamal Abdel Nasser} 대통령에게 수치를 안긴 국제적 사건으로 이들의 입장은 완전히 뒤바뀌었다.

1952년 이집트의 정권을 장악한 나세르는 1956년 대통령에 취임했다. 그의 위치는 아슬아슬하고 위태로웠다. 그는 이스라엘을 급습할 수 있도록 시나이 반도에 유격기지를 설립하고, 홍해 남단에서 티란 해협으로 이스라엘 선박의 통행을 금지시키는 등 약간의 반 이스라엘 정책을 추진하기 위해서 무기를 구입하고 싶어 했고 무기를 얻을 수 있는 곳은 동구권뿐이었다. 1955년 9월 나세르는 체코슬로바키아와 막대한 규모의 무기거래협약을 체결했다. 당시 아스완 댐 건설 프로젝트의 기금을 마련하기 위해서 서구의 원조도 필요했는데, 사회주의국가와의 무기거래를 했다는 이유로 댐을 짓는 데 필요한 미국의 지원 약속이 어긋나면서 1956년 7월 원조가 철회되었다.

▲ 북쪽의 포트사이드와 남쪽의 수에즈 사이를 잇는 운하의 위치.

운하의 국유화

1주일 후 나세르는 운하를 가동하는 수에즈 운하 회사의 국유화를 선언했다. 당시 영국과 프랑스는 운하에 대대적인 관심을 갖고 있었다. 나세르는 국제조약 사항을 위반하지 않고 운하를 경영하기 위해 신경 썼지만 프랑스와 특히 영국에서 그에 대한 반발이 심했다. 미국의 반대에도 불구하고 영국과 프랑스는 나세르를 압박하기 위한 군사작전을 짜기 시작했다. 이스라엘 역시 이집트에 대한 군사작전을 강하게 열망

했다. 그에 따라 이스라
엘이 지상군을 파병하고
프랑스와 영국이 배와
비행기로 이집트의 해군
과 공군을 무력화시킨다
는 계획이 세워졌다.

1956년 10월 29일 이
스라엘군이 시나이 반도
를 휩쓸면서 운하로 진
군했고, 영국군과 프랑
스군은 이집트 비행기가
이륙하지 못하도록 위협

▲ 1956년 11월 5일 포트사이드
에 첫 영불연합 공격이 일어나는
동안 수에즈 운하 옆의 기름 탱크
에서 연기가 피어오르고 있다.

했다. 영국과 프랑스는 이집트와 이스라엘 양국 모두 운하에서 철수하
라는 UN의 휴전요청을 이용해 11월 5일과 6일 운하 지역을 차지했다.

하지만 그들은 소련의 개입 위협은 막아냈지만, 미국의 반응을 완전
히 잘못 계산했다. 미국은 영불이 감행한 수에즈 사건에 대해 UN 결
의안을 지지했고 영국의 파운드화 가치 절하를 막기 위한 개입도 거부
했다. 영국은 즉각적으로 군사작전을 중단했고 프랑스 역시 이집트에
서 굴욕적으로 철수해야만 했다. 영국이 4억 달러의 손실을 본 것에 대
해 외교관이자 평론가였던 해롤드 니콜슨^{Harold Nicolson}은 수에즈 사건
을 '진열장 깨고 물건 탈취하려다 진열장만 깨놓고 물건은 하나도 못
빼앗은 격'이라고 비유했다. 나세르는 국제적 범아랍적 영웅이 되었다.
이스라엘은 철수해야 했지만 사실상 유격기지와 티란 해협 재개라는
뚜렷한 성과를 얻었다. 프랑스는 영미 연합에 대한 끊임없는 불신을 얻
게 되었고 유럽 공동체 형성을 재촉하는 유럽으로 관심을 돌렸다. 질척
거리던 영국의 허세는 누더기처럼 너덜너덜해졌고(에덴 수상은 사임해야
했다), 중동 지역에서 영국과 프랑스의 영향력은 증발했다.

1966

문화대혁명

간단히 문화대혁명이라는 명칭으로 더 잘 알려진 프롤레타리아 문화대혁명은 마오쩌둥毛澤東이 주도한 중국의 대중운동으로 '주자파'를 축출하고 순수 마오쩌둥 공산주의를 건설하자는 것이 핵심 내용이다.

1956년에서 1960년 사이에 중국 경제발전의 혁신을 시도했던 대약진정책이 완전히 실패로 끝나자 마오쩌둥은 공화국의 주석직에서 물러나야 했다. 동시에 소련과의 관계도 악화되었다. 마오쩌둥은 중국혁명이 중앙집권화되고 산업화된 테크노크라시에 빠져 소련처럼 경화될 것을 우려했다. 목가적 이상화에 사로잡혀 그의 업적을 경외시하는 동시에 그를 '죽은 조상'처럼 열외로 치부하는 것에 분개한 마오쩌둥은 중국공산당을 뒤흔들고 당의 젊은이들 성향에 맞는 혁명을 일으키기로 결심했다.

▼ 문화대혁명 기간 동안 인민복을 입은 중국 어린이들이 마오쩌둥 주석의 초상화 앞에서 그의 '어록'을 들고 있다.

위대한 키잡이

1966년 그는 도시의 젊은이들에게 홍위병을 조직하고 모든 '주자파(자본주의를 따르는 자들)'를 숙청하라는 명령을 내렸다. 이들은 지식인, 혐의가 있는 당원들, 자본주의 범죄를 저지른 것으로 의심되면 누구라도 공개적으로 비난했다. '위대한 키잡이' 마오쩌둥에 대한 숭배는 광신도적인 열정으로 달아올랐다. 1967년 '1월혁명' 당시 모든 당 조직의 지배권을 장악하려고 시도했던 홍위병들은 수천 명을 공포로 몰아넣고 살해했으며 무정부상태와 파벌주의로 빠뜨리는 등 순식간에 통제불능 상태가 되었다. 홍위병 폭력단은 거리 곳곳에서 인민해방군과 싸움을 벌였고 문화유산 및 시대의 구분 없이 모든 시설물을 파괴했으며 외국 대사관까지 급습했다. 결국 마오쩌둥은 인민해방군에게 9월에 홍위병을 진압하라는 명령을 내릴 수밖에 없었는데 이 명령은 1968년까지 이루어지지 못했다.

4인방

문화대혁명은 1976년까지 계속되었지만 격렬한 권력투쟁 끝에 남은 것은 당과 국가에 대한 통제력 상실이었다. 1976년 9월 마오쩌둥이 사망한 이후 화궈펑이 문화대혁명의 의제를 밀어붙인 급진파 '4인방'을 체포하면서 정점에 달했다. 이것은 혁명의 종결을 알리는 전조였다. 문화대혁명으로 인한 경제적 손실의 규모에 관한 의견들은 급격히 갈라졌다. 어떤 자료에 의하면 중국 경제가 회복하는 데 20년이 걸렸다고 하는 반면, 그 손실이 일시적이었다는 반대 의견도 있다. 1968년 곡물생산량이 떨어졌지만, 두 해 전과 그 후에는 다시 상승했다. 1966~1968년 사이에 13%나 급락했던 산업생산량은 1971년에 온전히 회복되었다.

가장 심각한 차질

문화대혁명이 초래한 문화적, 제도적, 인적 피해에 관해서는 이론의 여지가 없다. 예를 들어 대학은 1966년에서 1970년 사이에 폐쇄되었다. 이때 20만 명의 교수 교사 연구원, 당 임원들의 70% 정도에 해당하는 300만여 명이 숙청당했고 1700만 명의 학생들이 시골로 끌려갔는데 1978년경에도 여전히 1000만 명이 남아 강제 노동에 동원되고 있었다. 문화대혁명 결과 50만여 명이 살해당했고 1억 명이 넘는 인구가 공포 속에서 간신히 살아남았다. 1981년에는 '인민공화국 건립 이후로 당과 국가, 사람들에게 가장 심각한 차질과 무거운 손실'을 끼친 문화대혁명을 기소하는 공식성명이 있었다.

1989

자유와 탄압

　1989년에 가을 혁명 또는 1989년 혁명이라고도 알려진 민주화의 물결이 동구권의 붕괴를 일으키며 중앙 유럽과 동유럽을 뒤흔들었다. 베를린 장벽의 붕괴는 20세기 역사에서 가장 상징적인 순간 중 하나였고 베를린에서 철의 장막을 허문다는 비유보다 더 문학적인 표현은 존재하지 않았다.

베를린 장벽의 붕괴

　1961년 시민들의 이탈을 막기 위해 필사적이었던 동독(독일민주공화국)은 베를린 장벽을 세웠다. 1955년에서 1961년 사이에 20만 명이 넘는 동독인들이 서독으로 망명했는데, 가장 쉬운 탈주 방법 중 하나가 서베를린으로 넘어가는 것이었다. 1944년 런던협약에 따른 전시합의 덕분에 서베를린은 공산주의가 자행되는 탄압의 바다에서 자유로운 소수민족 거주지로 남아 동독의 다른 지역과 분리된 상태였다.

　소련과 의존국 동독은 국경을 폐쇄하기로 결정하고 8월 12에서 13일 밤 사이에 경찰과 노동자 민병대들에게 155킬로미터에 이르는 가시철조망을 두른 담장으로 서베를린의 둘레를 감게 했고 다음 달 내내 벽돌과 콘크리트 담장으로 대체시켰다. 동베를린과 서베를린 사이에 있는 81개의 국경 횡단 구역 중 7개만이 개방된 상태였다. 독일민주공화국은 이것을 반파시스트 보호벽이라고 표현했지만 담장의 역할은 명백히 시민들을 가두는 용도였다.

　당시 서베를린을 둘러싼 강대국들 간의 힘의 대결이 드물지 않았

▼ 1989년 11월 9일 브란덴부르크 문 근처의 베를린 장벽 위에 사람들이 빼곡히 올라서 있다.

던 만큼 일부 서구의 지도자들은 장벽에 대해 크게 경악하지도 않았고 존 F.케네디는 무려 '장벽이 전쟁보다 훨씬 낫다'라는 발언까지 했다.

38년이 넘는 세월 동안 5,000여 명의 동독인들이 그 벽을 지나서, 넘어서, 밑으로, 돌아서 통과했지만 또 다른 5,000명은 체포되었고 191명은 총살당했다. 1989년 시위와 체제의 붕괴가 동구권을 휩쓸자 독일민주공화국 정부는 시위자들을 달래기 위해 발 빠르게 움직였고 1989년 11월 9일 중앙위원회 당원이 여행규제완화를 발표했다. 그러자 수많은 동독인들이 장벽을 향해 돌진했고 경비대는 엉겁결에 건널목을 개방했다. 큰 망치를 든 사람들이 벽을 내려치기 시작했고 다음 달이 되자 불도저가 그 임무를 완수했다.

천안문 광장

1989년 혁명은 중국에서 이미 진행 중이던 대중 집회에도 영향을 미쳤다. 1986년과 87년에 학생들이 주도하던 시위는 개혁 중국 공산당 총서기 후야오방이 퇴임해야 하는 등 강력탄압을 받았다. 1989년 4월 그의 사망 소식이 알려지자 학생들과 다른 시위자들이 베이징의 중심인 천안문광장에 집결하면서 대규모 시위가 일어났다. 5월 중순, 세계의 언론이 집중된 그곳에 백만 명에 가까운 사람들이 시위를 벌였다. 학생 반란이 또 다른 문화대혁명으로 번질지도 모른다는 공포에 사로잡힌 덩샤오핑鄧小平과 노쇠한 당수뇌진은 군대에 폭동 진압 명령을 내렸고, 6월 3~4일 밤 사이에 시위자들은 모두 진압되었다. 공식적으로 군인을 포함해 241명이 사망했지만 실제 사망자수는 약 600~1200명으로 집계되며 1만여 명에 가까운 사람들이 부상을 입었다. 광장의 시위자들은 스스로 평화로운 해산을 허가받았지만 관련자들은 나중에 체포되었고 일부는 처형당했다. 오늘날까지도 중국 정부는 천안문광장 사건에 대해서는 어떤 언급도 극도로 함구하고 있다.

▼ 1989년 6월 4일 천안문 광장으로 이어지는 고가도로를 탱크로 차단한 중국군인들.

2003

이라크전쟁

2003년에 일어난 이라크전쟁 또는 제2차 걸프전은 일반적인 전쟁 과정과 양상이 전혀 달랐다. 초기 전투 단계는 신속했고 상대적으로 미국과 동맹국들이 흘린 피는 거의 없었지만 승리했다고도 할 수 없었다.

제1차 페르시아 걸프전에서 UN이 승인하고 미국이 주도한 연합정부는 사담 후세인Saddam Hussein의 이라크군을 비교적 쉽게 물리쳤지만 체제변화에 미친 영향은 짧은 기간으로 그쳤다. 사담 후세인은 반대파를 잔인하게 탄압함으로써 정권을 좌우하며 대량살상무기 개발 연구를 밀고 나갔다. 유엔무기사찰단들의 적절한 모니터링 거부는 미국의 공격을 초래했다. 9.11 테러 이후 미국은, 특히 부시 행정부가 알 카에다와 사담 후세인 정권을 잘못 연관 지으면서 직접적인 군사작전에 대한 욕구가 증가했다. UN이 위협적인 무기에 관한 새로운 결의안을 통과시켰고 이에 대해 이라크인들도 협조했지만, 조지 부시George W. Bush와 동맹을 맺은 토니 블레어Tony Blair 영국 총리는 UN의 동의도 얻지 않고 후세인을 실각시키기로 결정했다.

2003년 3월 20일 미군 연합군의 공격이 시작되었다. 4월 9일 미군이 바그다드를 함락하면서 이라크 정권은 붕괴되었다. 사담 후세인은 12월 13일에 체포되었다가 후일 처형되었다. 5월 1일 부시는 주요 전투작전을 완수했다고 선언했는데 이 시기에는 연합군 사상자가 150명에 불과했지만, 이후 6년 동안 4,000명이 넘는 병력의 손실이 있었다. 이라크 사망자의 추정치는 매우 광범위해서 8만 5,000~65만 명(적은 숫자는 2004~2008년 시기만 언급한 이라크 정부의 발표 내용)에 이르기까지 다양하다.

2010

아랍의 봄

2010년 12월 초 민주화 시위와 봉기의 물결이 북아프리카와 중동 지역으로 확산되었고 이것은 곧 '아랍의 봄'이라는 이름으로 알려졌다.

아랍의 봄은 2010년 12월 17일 튀니지에서 거리의 노점상 무함마드 부아지지Mohamed Bouazizi가 당국의 부당한 처사에 항의하는 뜻으로 자신의 몸에 불을 붙인 충격적인 사건이 발단이 되었다. 결국 2011년 1월 4일 부아지지는 화상으로 사망했지만 그의 이런 극단적인 행동은 '재스민 혁명'이라는 민주화와 시위운동을 촉발시켰다. 초반에 보안부대의 폭력진압이 있었지만 그달 말 튀니지의 독재자 자인 알 아비다인 벤 알리Zine al-Abidine Ben Ali가 쫓기듯 국외로 망명하면서 마침내 민주화가 이루어질 수 있었다.

튀니지의 이런 움직임이 이집트에서는 대규모 시위의 단초가 되어 30년 가까이 장기 집권하던 호스니 무바라크 대통령의 퇴진으로 이어졌다. 2011년 1월 말부터 3월까지 아랍의 봄 시위는 예멘, 바레인, 리비아, 시리아 등으로 확산되었다. 리비아에서는 무장항쟁으로 변질되었고, 반정부군 편에서 개입한 나토가 무아마르 카다피Muammar Gaddafi를 실각시켰다. 8월 트리폴리가 시민들에게 점령당하자 카다피는 가까스로 탈출했지만 생포되었다가 10월에 수르트 사막에서 살해당했다. 시리아에서도 시위가 무장반란으로 바뀌어 전국토가 서서히 피비린내 나는 내전에 빠져들었다.

알제리, 모로코, 오만, 요르단 등에서 일어난 민주화는 본격적인 시위로 발전하지 않았는데 아마도 이 나라의 통치자들이 한 걸음 물러났기

▲ 2011년 12월 카이로의 타히르 광장에 모인 시위자들.

때문일 것이며 군주가 공화국의 독재자보다는 살아남을 확률이 높다는 사실도 눈에 띈다. 예멘과 바레인에서 아랍의 봄은 실패하거나 잔혹하게 진압되었다. 실제로 아랍의 봄 운동은 튀니지 외에는 모두 지속적인 변화를 일으키는 데 실패하면서 아랍의 가을이나 아랍의 겨울이라는 꼬리표가 달리는 반작용이 발생했다. 대부분의 지역에서 발견된 아랍의 봄 운동의 주요 결과는 종교적 극단주의와 종파 간의 갈등, 사람들의 대 이동, 수만 명의 사상자, 불안정과 무력충돌이 증가했다는 것이다.

5126
마야 장기달력의 길이(해)

마야의 장기달력은 복잡하고 정교한 마야 달력체계의 일부이다. 마야 비문에 새겨진 대부분의 날짜는 공존하는 두 개의 주기 범위(260일 촐킨 또는 신성한 해와 360일 하압 또는 태양년)에 들어감으로써 구분되었다. 이 주기의 조합은 모든 52하압을 나타내며 이 주기는 해와 주기가 반복되기 때문에 해당 날짜는 52년 전과 똑같은 촐킨과 하압을 갖게 된다. 52년 전에 일어난 사건의 날짜를 기입하지 않도록 마야인들에게는 다른 체계가 필요했을 것이다. 그래서 마야는 현대의 율리우스년과 유사한 장기달력 구조를 발전시켰다. 율리우스력에서 21.12.12는 2012년의 12번째 달의 12번째 날을 가리킨다. 마야의 수학은 십진수가 아니라 이십진수(20이 기본)였기 때문에 20일이나 1킨은 1위날이다. 1년 또는 1툰은 18위날이나 360일이 된다. 20툰은 1카툰(7,200일)이 되고, 20카툰은 1박툰(14만 4,000일)이 된다. 이 달력은 13.0.0.0.0이라는 구체적인 날짜에서 시작되는데, 그것은 서력의 기원전 3114년에 해당한다.

장기달력은 주기가 반복되기 때문에 13박툰(약 5,125태양년) 후에 다시 0에 해당하는 개념으로 리셋되는데, 이것은 장기달력의 '끝'이 2012년 12월까지라는 뜻이다. 사람들은 대격변과 변화를 예상했지만 아무 일도 일어나지 않았다. 실제로 이 날짜는 장기달력을 간단하게 13.0.0.0.0에 다시 맞춘 것일 뿐이기 때문이다. 박툰보다 훨씬 크고 거대한 마야의 알라툰이라는 계수는 23,040,000,000일에 해당한다. 알라툰의 시대는 대략 서기 63,078,286년까지 끝나지 않을 것이다.

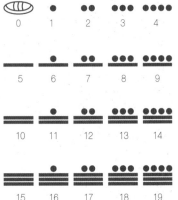

▲ 마야는 정교한 달력뿐만 아니라 독자적으로 발명한 0이나 위에 보이는 다른 마야의 숫자 등 수학적 업적으로 유명하다.

10,000
셈퍼 어거스트의 가격(길더)

구근에서 자라는 튤립은 1630년대 네덜란드에서 가치가 매우 큰 상품이었다. 흙에 심어둔 구근 상태로 무게를 재서 판매되었기 때문에 잘 자라기를 바라는 한편 투기가 조장되었다. 1636년에 튤립 구근을 판매하던 선물시장이 변질되어 거래는 점차 광란상태에 빠져들었고 그 결과 튤립파동이라고 알려진 금융 버블까지 파생했다.

광란이 절정이었을 때 구근 1온스(14g)가 무려 3,000길더에 판매되기도 했다. 당시 팸플릿에 의하면 그 금액은 돼지 8마리, 황소 4마리, 양 12마리, 밀 24톤, 치즈 100파운드, 은으로 만든 술잔과 맞먹는 값이었으며 심지어 배도 한 척 살 수 있었다. 가장 고가였던 것은 셈퍼 어거스트라고 불린 빨간 줄무늬에 하얀 얼룩이 있는 튤립 구근으로 1637년 2월 1만 길더에 판매한다는 홍보가 있었다. 이는 한 가족이 평생 입고 먹을 수 있을 만한 액수였다.

하지만 실제로 그런 금액은 지불된 적이 없으며, 가장 높은 금액을 기록한 구근은 1637년 2월 5일 한 그루에 5,200길더에 판매된 비올레튼 에드미어럴 반 엔쿠이젠이라는 품종이었다. 굳이 비교하자면 1642년 램브란트가 자신의 대형 작품 '야간순찰'에 청구한 금액이 1,600길더였다.

하지만 당시 튤립 시장은 이미 붕괴되고 있었다. 그 이틀 전 옥션은 하를렘에서 응찰자가 없다는 것을 목격했고, 알크마르에서도 거래는 결코 이행되지 않았다. 가치폭락으로 파산한 것은 튤립파동에 연루된 네덜란드 인구 중 부유한 일부 극소수 계층뿐이었다.

▼ 튤립파동이 정점이었을 당시 가장 고가의 품종이었던 셈퍼 어거스트 튤립.

13,418

《둠스데이 북》에 등록된 곳

《Great Domesday》와 《Little Domesday》 두 권으로 구성된 둠스데이 북은 영국에서 현존하는 가장 오래된 공공기록물이자 초기 중세 유럽에서 가장 주목할 만한 관료주의 업적일 것이다. 심판의 날을 뜻하는 '둠스데이Domesday'는 신의 마지막 심판으로부터 아무것도 감출 수 없듯이 윌리엄William 왕의 감독관에게서 아무것도 감출 수 없을 것이라는 의미였다. 윌리엄 왕은 새로 등극한 왕국에서 누가 무엇을 얼마나 소유하고 있는지 알아내라는 지시를 내렸다.

둠스데이 북이라는 명칭은 1170년경의 기록에서 최초로 발견되는데, 당시에는 '대대적인 조사' '윈체스터 북'(원래 이곳에 조사가 보관되었다), 또는 '잉글랜드의 대서술'이라는 이름으로 알려졌을지도 모른다.

부끄러워하지 않다

둠스데이 북은 1085년 성탄절 날 글로스터에서 정복자 윌리엄이 내린 명령으로 제작되었다. 덴마크의 침입을 우려해 군사를 모병하고 있던 윌리엄은 그와 귀족들이 지불할 여유가 얼마나 되는지 산출하고 싶었다. 이듬해 조를 짜서 전국으로 파견된 조사원들이 토지 소유주와 마을 사람들에게 질문을 하고 땅의 지형, 세율, 가축보유수, 그 밖의 무수한 사항들을 기록했다. 앵글로색슨 연대기에는 다음과 같은 기록이 있다. "윌리엄은 조사원들을 영국의 구석구석에 있는 모든 주에 보냈다. 그들은 영국의 모든 사람들이 각각 얼마만큼의 땅과 양을 소유하고 있으며 그 가치가 얼마나 되는지를 기록했다. 그래서 주도면밀하게 조사했고 실제로 땅 한 뙈기, 황소나 암소, 돼지 한 마리도 그냥 넘어가거나 생략하는 법이 없었다(언급하기도 부끄럽지만 그는 그렇게 하는 것을 부끄러워하지 않는 것 같았다). 그리고 이 모든 기록들은 나중에 그에게 보고되었다."

수많은 양들

▲ 판금갑옷을 입은 적이 없었던 정복자 윌리엄을 우스꽝스럽게 묘사한 그림.

수집된 자료는 거대한 책《그레이트 둠즈데이Great Domesday》에 편집되었는데, 몇 가지 이유로 에섹스, 노퍽, 서퍽 등의 기초자료는 압축되지 않고《리틀 둠즈데이Little Domesday》에 분리되어 기록되었다.《그레이트 둠즈데이》는 913매의 양피지(약 천 마리의 양으로 만든)에 200만 단어로 쓰였고 1만 3,418곳을 언급하고 있으며 한 명의 서기가 모든 것을 작성했다(《리틀 둠즈데이》는 7명의 서기가 작성했다). 합본된 책에는 북 잉글랜드 대부분과 왕국에서 가장 중요한 두 도시인 런던과 윈체스터를 비롯해 상당 부분이 빠져 있다. 또 남성 세대주는 기록했지만 아내나 아이들은 누락시켰다.

둠스데이의 중요한 특징은 윌리엄과 노르만 정복자가 잉글랜드를 봉건사회로 편입시킨 방식을 반영하고 있다는 점이다. 물질적인 것은 조사위원들이 각 주의 자치정부를 차례차례 방문해 수백 개의 자치주와 마을을 조사해서 지리학적 순서로 징수했지만, 자료들은 국왕과 영신들의 휘하에 재편되었고 그 결과 귀족이 보유한 사유지의 기본단위는 인접하지 않았을 때조차 남작령이 되었다.

15,000

불가르족의 눈을 멀게 한 바실리우스 2세

　　1014년 중세의 동시대인들에게조차 충격을 준 비잔틴 황제 바실리우스 2세[Basil II]의 행동은 불가록토노스 '불가르족 학살자'라는 별칭을 안겨 주었다. 위대한 비잔틴 황제 중 한 사람이자 불굴의 용사였던 바실리우스 2세는 마치 소설보다 더 소설 같은 젊은 시절을 보냈다. 963년 부친 로마노스 2세가 사망한 후 그는 형제 콘스탄틴과 함께 공동 황제가 되었지만 모후 테오파노와 결혼한 니케포루스 장군에게 황제 자리를 빼앗겼다. 니케포루스는 군사적 승리를 거두었지만 969년 그의 조카이자 테오파노의 정부인 요한네스 치미스케스에게 암살당했다. 치미스케스는 뛰어난 승리를 기록했지만 976년 급사했고, 그 후 바실리우스의 당숙이자 환관이었던 시종장에게 정권이 넘어갔다.

　　985년 바실리우스 2세는 바랑인 시위대의 형태로 모인 러시아 군인의 도움으로 마침내 단독으로 황제에 오를 수 있었다. 996년 그는 맞수였던 불가르의 차르 사뮤엘을 상대로 첫 번째 군사작전을 펼치기 시작했다. 20여 년의 전쟁 끝에 마침내 불가르의 수도 오흐리드를 함락했으며 1014년 벨라시타에서 차르의 군대를 크게 격파했다. 그리고 포로로 잡힌 1만 5,000명의 병사들의 두 눈알을 뽑고 100명마다 한 명씩 외눈으로 남겨 포로들을 이끌고 사무엘에게 돌아갈 수 있게 했는데 이 광경을 본 사무엘은 심장마비에 걸려 사망했다고 한다. 바실리우스는 1018년 불가리아를 합병했고 비잔틴제국의 지배권을 아르메니아의 반호수 해변까지 확장시켰다. 그의 지배력은 남부 이탈리아를 강화시켰으며 1025년 시실리 침략 계획을 세우던 중 사망했다.

19074

페르디난트 대공 암살에 사용된
권총의 일련번호

1914년 6월 28일 일련번호가 19074인 권총에서 한 발의 총성이 울렸고, 세르비아 비밀 결사 블랙 핸드는 암살자가 가브릴로 프린치프 Gavrilo Princip라는 사실을 공표했다. 암살 대상은 오스트리아-헝가리의 황위를 물려받을 법정 상속인 프란츠 페르디난트 Franz Ferdinand 대공이었다. 이 살인 사건은 제1차 세계대전의 도화선이 되었다.

블랙핸드는 '통일이 아니면 죽음을'이라는 테러 조직의 비공식적인 이름이었다. 1908년 오스트리아 헝가리 제국이 보스니아 지역을 합병했다. 블랙 핸드는 폭력적인 행동, 특히 암살을 통해서 세르비아와 보스니아의 통일을 비롯해 대세르비아주의를 완수하는 데 도움이 될 것이라고 믿었다.

1914년 6월 28일 프란츠 페르디난트 대공이 보스니아의 수도 사라예보를 공식적으로 방문했다. 수류탄과 권총을 준비한 프린치프와 다섯 명의 행동대원들이 암살을 모의했다. 페르디난트의 차에 수류탄을 던졌지만 다른 사람이 다쳤다. 하지만 부상자를 방문하기 위해 병원으로 가던 대공의 차량에 달려든 프린치프가 단거리에서 발사한 총알에 대공은 곧 사망했고 부인 조피도 얼마 지나지 않아 숨을 거두었다.

체포된 프린치프는 재판에서 중노동을 선고받았다. 하지만 블랙핸드의 주모자가 발견되자 세르비아 당국은 그들을 넘겨달라는 오스트리아의 요구를 거부했고, 1914년 7월 28일 오스트리아-헝가리는 세르비아에 전쟁을 선언했다. 전 유럽이 거대한 소용돌이에 휘말릴 때까지 양측 연합국들의 연쇄적인 전쟁 선포가 이어졌다.

▲ 가브릴로 프린치프가 프란츠 페르디난트를 암살할 때 사용한 FN 모델 1910 반자동 권총

20,000

데사파레시도스

1976년에서 1983년 사이에 아르헨티나에서는 더러운 전쟁^{Guerra Sucia}이 자행되었고 1만에서 3만여 명이 '행방불명'되었다. 납치되어 고문당하는 일은 일상다반사였고, 나중에 밝혀진 바에 의하면 수많은 사람들이 한밤중에 비행기에서 내던져지고 상어의 먹이가 되었으며 아기들은 유괴되어 아이가 없는 군인 부부에게 입양되었다고 한다.

더러운 전쟁은 아르헨티나의 대통령 후안 페론^{Juan Per}이 사망하고 부통령이자 미망인인 이사벨리타 페론^{Isabelita Peron}이 취임하기 2년 전부터 시작되었다. 이사벨 페론의 수석 보좌관이었던 극우파 호세 로페즈 레가^{Jose Lopez Rega}는 1974년 말 암살단을 통해 2,000명이 넘는 사람들을 죽였다. 페론이 군쿠데타에 의해 물러난 1976년 3월에 군사정부는 아르헨티나의 정권을 잡고 좌익분자들을 청산하기 위한 합작운동을 시작했다.

수용소와 고문 감옥이 세워졌고 임신한 여자들과 아이들을 비롯해 반체제인사들로 분류된 사람들이 핍박받았다. 이 중 두 번 다시 볼 수 없었던 3만여 명은 살해된 것으로 보고 있다. 그들은 '데사파레시도스(행방불명자)'들이라고 알려지게 되었고 1977년부터 2006년까지 부에노스아이레스의 마요 광장에서 매주 화요일 오후 행방불명자의 어머니들이 모여 잃어버린 아이들의 사진을 전시했다.

1983년 군사정부는 민주적으로 선출된 정부에 정권을 이양해야 했다. 몇몇 기소가 성공적이었음에도 불구하고 군부의 위협이 정부의 의지를 약화시켰고 사태의 책임자들은 대부분 법망을 빠져 나갔다.

22,000

데인겔드의 값(은)

991년 앵글로색슨 연대기에는 무분별한 왕 에셀레드 Aethelred의 엘더먼(최고등급의 귀족) 용감한 비르트노트 Byrhtnoth가 에섹스의 몰던 전투에서 바이킹에게 살해되었다는 기록이 있다. 바이킹들은 영국의 동쪽과 서쪽에서 급습하며 앵글로색슨 왕국을 파멸시킬 기세로 위협했고, 그해에 대주교 시게릭 Sigeric은 왕에게 평화를 만들라고, 아니 차라리 사라고 조언했다. 애셀레드는 데인을 지불하고 평화를 얻기 위해서 목숨 당 2실링의 세금을 징수했다. 당시 이 금액은 약 120에이커에서 50헥타르의 땅 덩어리에 해당하는 값이었다. 바이킹 왕 올라프 트리그바손이 동의한 평화의 값은 은 2만 2,000파운드로, 그 당시에 이 지불금은 공물이라고 알려져 있었다. 비르트노트는 충성심이 강한 신하였지만 공물을 반대하다가 결국 목숨으로 그 뜻을 대신했다.

▲ 준비되지 않은 자(적절한 조언을 받지 못한 자) 애설레드 2세가 그려진 삽화 사본. 그의 별명은 '무분별한'이라는 뜻의 unrede를 오역한 것이다.

안타깝게도 공물은 한 번으로 끝나지 않고 해마다 강요받았고 양도 늘어만 갔다. 1007년에 공물은 3만 프랑이었는데 체납하면 금액이 더 높아졌다. 1011년 캔터베리를 함락한 바이킹들은 대주교를 살해하고 공물을 체납한 대가라며 4만 8,000프랑을 약탈했다.

1016년 카누트 Canute 왕 시절 데인족은 영국을 지배했지만 나중에는 완전히 쫓겨났다. 그런데 영국 왕들은 연세를 계속 징수하는 것이 유용하다는 것을 알았다. 노르만족이 지배하던 시기에 데인겔드라고 부르기 시작한 이 세금은 1162년까지 계속되었다.

25,000
대장정의 거리(리)

대장정은 역사상 가장 긴 퇴각로였다. 1934년 10월에서 1935년 10월까지 국민당의 포위를 뚫고 탈출한 중국 공산당은 해를 넘기며 중국 북서쪽의 산시성까지 2만 5천 리(약 1만km)의 험준한 땅을 가로질러 전투를 벌이며 후퇴했다.

▲ 중국 남부에서 북부까지, 공산당 지도자 마오쩌둥이 결행한 대장정에서 살아남은 일부 생존자들.

비적의 나라

1934년 마오쩌둥이 이끌던 중국 공산당은 국민당 군에게 포위당하게 된다. 국민당이 70만 명이 넘는 병력으로 비적토벌이라는 명목으로 공산당을 포위한 재난의 결과 마오쩌둥은 지휘권을 박탈당했고 유격전은 중단되었다. 당원수가 크게 축소된 공산당은 살아남기 위해서 필사적인 탈출계획을 세웠고 8월에 약 8만 6,000명의 남성 당원과 30명의 여성 당원이 국민당 전선을 돌파했다. 공산당은 공군과 지상군의 공격으로 처음 석 달 동안 당원 중 절반이 목숨을 잃고 말았다. 하지만 1935년 1월 구이저우성의 남서부 지역에서 열린 쭌이회의에서 마오쩌둥은 당의 지배력을 회복할 수 있었다.

장궈타오가 이끄는 공산당군이 도착하자 당원의 숫자는 증가했지만 마오쩌둥과 의견충돌이 벌어졌다. 장궈타오는 상당한 파벌을 이끌고 멀리 남서부로 향했고 마오쩌둥은 북쪽의 산시성으로 향했다. 그곳은 다른 공산당이 거점을 확보하고 있었고 소비에트 연방의 국경 인근

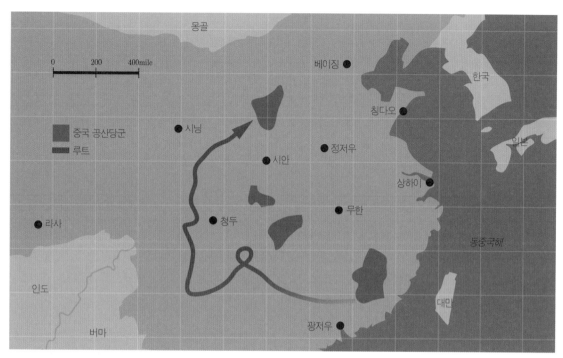

몽골

베이징

한국

0   200   400mile

칭다오

일본

중국 공산당군
루트

시닝

시안

정저우

상하이

143

리사

청두

무한

동중국해

인도

대만

버마

광저우

▲ 1만km에 걸친 대장정의 우회
루트.

이면서 국민당에게서 쥐꼬리만큼은 방패막이가 되어 줄 일본군이 있
었다.

18개의 산맥을 넘고 24개의 강을 건너 산시성에 도착했을 때 생존자
는 8,000명에 불과했다. 대장정이라고 불리게 된 이 긴 여정의 참전용
사들은 지역 공산당에 합류했고 초반에 갈라졌던 무리도 나중에 재합
류했다. 1936년 12월에 마오쩌둥은 옌안 지역으로 이동할 3만 병력을
집결시킬 수 있었고 중일전쟁(1937~1940) 동안 이곳에 머물렀다.

대장정의 고초는 참전용사들 사이에서 영웅의 전설담을 제공하고 세
속적 성자의 대표로 언급되면서 마오쩌둥을 뛰어난 공산당 지도자로
세우는 역할을 했다. 하지만 그들의 희생이 잔혹한 숙청을 피할 만큼
충분하지는 못했는지 훗날 마오쩌둥이 일으킨 문화대혁명에서 대부분
살아남지 못했다. 그럼에도 대장정의 전설은 여전히 살아 숨 쉬고 있
다. 예를 들어 2003년 중국 최초로 우주비행사 양리웨이를 우주궤도에
진입시킨 중국의 우주계획에도 대장정이라는 표현이 등장한다.

57,471
로마 도로망의 길이(로마 마일)

도로망은 고대 로마의 가장 위대한 업적 중 하나였다. 디오클레티아누스 황제(284~305년 통치) 치하에서 정점에 이르렀을 때 도로망은 5만 7,471로마마일이나 되었다. 1로마마일이 1,479m이므로 총 8만 5,000km 이상의 도로가 정비된 셈이다.

로마의 도로는 주로 군인, 우편배달원, 정부수행원 등 빠른 통행을 위한 군사적, 국가적 목적으로 설계되었다. 도로를 이용하면 우편물을 하루에 최대 80km까지 보낼 수 있었다. 대부분의 도로는 상업적, 사적 통행이 제한되거나 금지되었다. 도로는 지반이동과 서리에 대응할 수 있도록 자갈과 모래로 판석을 깔았을 뿐만 아니라 맨 위층을 부드러운 표면으로 굳히는 등 정교한 기술로 내구성 있게 건설되었다. 도로가 직선인 이유 중 하나는 기원전 5세기의 법에 도로 곡선부의 폭은 직선부 폭의 두 배인 4.9m가 되어야 한다고 명시되어 있었기 때문이다. 즉 직선 도로는 짓기도 쉽지만 유지하는 데에도 곡선 도로보다 훨씬 적은 비용이 소요되었다.

19세기 초반까지도 유럽에서는 로마의 도로를 능가하는 것이 없을 만큼 선진화된 기술이었다. 심지어 서로마제국의 몰락과 함께 유지, 보수와 관련된 정식 프로그램이 붕괴되었음에도 불구하고 일부 도로는 1,000년이 넘도록 잘 사용되었다. 예를 들어 프랑스의 트로아에서 대성당을 짓는 동안(13~16세기) 도네르 채석장의 돌을 끌고 온 길도 본래의 로마 도로망이었다.

▲ 로마 도로의 단면. 판석은 오늘날 침식 때문에 도로 위층을 콘크리트로 덮는 것과 비슷하다고 볼 수 있다.

100,000

피라미드를 쌓은 해골들

약 1360~1405년 경 중앙아시아, 동아시아, 서아시아를 초토화시킨 절름발이 티무르 또는 타메를란이라고도 알려진 티무르 랭은 트란스옥시아나(오늘날 우즈베키스탄에 해당) 출신의 투르크족 정복자였다. 그는 자신이 문화예술의 후원자이며 신앙심이 강한 사람이라고 주장했지만 사람들에게는 무자비하고 잔인한 살육을 즐기는 야만성으로 기억되는 인물이다. 아랍 역사가 자이드 호시피의 기록에 의하면, 그가 가는 곳마다 사람들에게서 흘러나오는 피가 흡사 단지에서 쏟아지는 물 같았다고 한다.

어디까지가 전설이고 얼마만큼이나 사실에 기반을 두었는지 확실하지는 않지만 그에 관한 전설들은 하나같이 엄청난 유혈과 폭력으로 얼룩져 있다. 점령군에 저항하는 자는 누구라도 참수시켰고 그들의 두개골로 피라미드와 탑을 쌓고 심지어 길을 내는 데에도 사용했다. 티무르는 대학살을 직접 지휘했고 상인들이 삼켰을지도 모를 한 조각의 금이라도 찾기 위해 그들의 배를 갈랐으며 적에게 독을 타서 먹이기까지 했다고 한다.

그의 야만적인 잔혹행위에는 1384년 시스탄에서 죄수 2,000여 명의 시체로 벽을 쌓고 1401년에는 4,000명의 아르메니아인을 생매장했으며 1387년에는 이스파한의 주민 7,000여 명을 학살하고 1398년에는 델리에서 사로잡은 인도인 10만 명을 냉혹하게 살해한 뒤 그들의 두개골을 쌓아 피라미드를 만든 것 등이 포함된다. 16세기 인도 페르시아 역사학자 압둘 카디르 바다우니는 델리의 잔혹한 도륙에 대해 '간신히 살아남은 주민들도 (기아와 역병으로) 다 죽어서 두 달 동안 델리에는 새 한 마리도 날아다니지 않았다'라고 기록했다.

▼ 짧은 전성기를 구가한 티무르 제국의 심장부 사마르칸트 인근에서 열린 티무르의 연회.

156,115

노르망디에 상륙한 연합군

1944년 6월 6일 역사상 가장 대규모의 수륙양용 공격으로 구성된 디데이 상륙은 제2차 세계대전에서 중대한 전환점이 되었다. 장대했던 이 날의 단일 과정에 6,939척의 상륙용 주정과 1만 1,590대의 전투기, 19만 5,701명의 해군과 15만 6,115명의 병력(바다와 공중을 통해 실어 나른)이 참가했다.

'디데이'라는 용어 자체는 군사작전에서 작전 개시일을 뜻하는 포괄적인 개념이지만 오늘날에는 흔히 연합군이 노르망디에 상륙했던 그 날을 가리킨다. 점령당한 북서유럽을 공격하는 총괄 작전명은 오버로드Overlord였고 노르망디 해변 공격의 암호명은 넵튠Neptune이었다.

암호명 공격

1943년 1월에 개최된 카사블랑카 회담 이후 활발해진 오버로드 계획은 그해 8월에 열린 퀘백 회담에서 작전승인이 떨어졌다. 1944년 2월, 드와이트 아이젠하워Dwight Eisenhower 장군의 총지휘하에 버나드 몽고메리Bernard Montgomery 장군을 비롯해 육해공의 작전 부문을 지휘할 세 명의 영국인 사령관이 배치된 연합군 최고사령부가 소집되었다. 그들은 목표 지점으로 곧게 뻗은 노르망디 해안을 선택했고 암호명 멀버리Mulberry인 인공 항구와 암호명 플루토인 해저 해협횡단 송유관 등의 신기술을 개발했다.

대서양 방벽

독일 역시 수륙양용 공격이 있으리라는 것을 예상했기 때문에 대서양 방벽을 강화했다. 하지만 준비과정에서 육군원수 룬트슈테트^{von Rundstedt}와 롬멜^{Rommel} 사이에서 불거진 전략상 의견충돌로 완전히 엉망이 되었다. 룬트슈테트는 연합군이 상륙하면 후방으로 가서 격퇴할 수 있도록 연합군을 기다리고 싶어 했던 반면, 롬멜은 연합군이 거점을 확보한 최초의 장소인 해안선에서 공격하기를 원했다. 중간 의견을 선택한 히틀러는 총지휘를 롬멜에게 일임했다. 롬멜은 해안 경비를 강화하는 동시에 장해물도 설치했다. 또 1944년 5월 말부터는 고정 해안경비 25사단, 보병과 낙하산 16사단, 기갑과 기계화 16사단, 예비 7사단으로 육해군의 인원을 증강시켰다.

그러나 공중엄호는 취약했다. 디데이 당일 가동 준비가 된 항공기는 319대뿐이었고 해군의 구성 수준도 4대의 구축함과 39대의 E-보트에 불과했다. 독일 공군이 턱없이 부족했던 덕분에 연합군 측에서는 4월 1일부터 6월 5일까지 대대적인 폭격작전을 시작할 수 있었다. 실제로 훗날 독일공군 관계자는 "상륙 전후로 적이 승리할 수 있었던 손꼽히는 요인은 적의 압도적인 제공권 때문이었다"라는 결론을 내렸다.

▼ 디데이 당일 오마하 해변에 상륙한 미군 병력. 몇 시간 후 이들 중 3분의 2는 이 자리에서 사상자가 되었다.

기만 작전

정작 연합군의 상륙이 시작된 당일 롬멜은 멀리 휴가를 떠나 있었다. 그리고 이것이 기만 작전의 가장 큰 성공 요인이었다. 연합군은 오버로드 작전의 상륙 지점을 숨기기 위해 독일에 틀린 정보를 심어두었다. 기만 작전은 아마도 인간 역사상 가장 큰 사기작전일 것이다. 또 히틀러가 기갑사단을 교두보로 진군시키는 것을 망설인데다 연합군의 주요 목표 지점인 노르망디가 아닌 칼레로 시선을 돌리게 한 점도 주효했다.

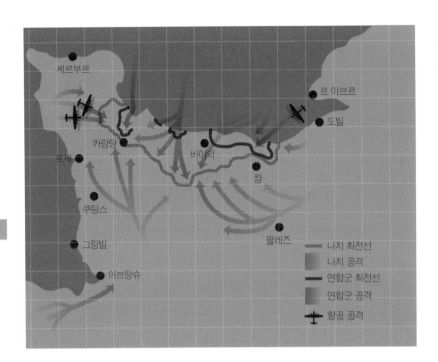

노르망디 공격

6월 6일 바야흐로 자정을 막 넘긴 시각에 영국과 미국의 공수부대가 노르망디에 상륙했다. 미국 101 공수부대 사단에 의해 프랑스에서 생트메르에글리즈Sainte-Mere-Eglise가 최초로 자유를 찾았다. 새벽 6시 30분, 해군 돌격부대가 목표 지점인 암호명 소드, 주노, 골드, 오마하, 유타(오른쪽에서 왼쪽 순으로) 다섯 군데의 해변을 공격하면서 수륙 양용작전이 시작되었다. 오마하는 3만 4,000명의 병력 중 2,400명의 사상자가 나온 최악의 전투지였다. 반면 유타 해변에 상륙한 2만 3,000명 중 사상자는 197명에 불과했다. 넵튠 작전이 공식적으로 종료된 6월 30일까지 85만 279명, 14만 8,803대의 차량, 57만 505톤의 물자가 상륙했다. 그러나 7월 25일까지 노르망디에서 연합군이 독일 기갑부대를 돌파하기까지는 시간이 걸렸고 초반 몇 주 동안은 연합군 측도 사상자만 16만 명이 넘었다.

250,000
워싱턴을 행진한 시위자들

1963년 8월 28일 25만여 명에 달하는 다양한 인종이 수도 워싱턴 DC에서 열린 민권 시위에 참가했다. 오늘날 워싱턴 대행진이라고도 부르는, 직업과 자유를 위한 시위였던 워싱턴 행진은 당시 의회에서 진행 중이던 민권 청구에 약간의 추진력을 보태기 위해 조직되었다.

시위를 조직한 주요인물 중에는 1955년 12월 로사 파크스^{Rosa Parks}가 인종 분리법을 위반한 혐의로 체포당한 것에 대한 항의의 뜻으로 앨라배마 주 몽고메리에서 버스 보이콧을 조직하면서 국내외적으로 큰 명성을 얻은 침례교 목사이자 민권운동 지도자 마틴 루터 킹 주니어^{Martin Luther King Jr.}도 있었다. 마틴 루터 킹은 워싱턴 행진을 주최한 이들 중 한 사람이었으며 그의 감동적인 연설 '나에게는 꿈이 있습니다^{I have a dream}'는 역사상 가장 위대한 웅변으로 평가받는다.

킹은 성경과 미국독립선언문을 언급하면서 "나에게는 꿈이 있습니다. 언젠가는 조지아의 붉은 언덕에서 과거 노예였던 이의 자손들과 노예주인이었던 이의 자손들이 한 테이블에 둘러앉아 형제애를 나누는 날이 오리라는 꿈입니다"라며 미래를 예언했다. 그리고 청중을 향해 말을 이었다. "언젠가는 나의 어린 네 아이들이 피부색이 아닌 인격으로 평가받는 나라에서 살게 되는 날이 오리라는 꿈입니다."

1963년 한 해 동안 킹은 350회의 연설을 했고 44만 2,570km의 거리를 이동했다. 또 타임지가 선정한 올해의 인물로 꼽혔으며 1964년에는 노벨 평화상까지 수상했다. 1964년 행진의 목적이었던 민권법은 마침내 의회를 통과해 법으로 제정되는 역사적인 순간을 맞이했다.

▼ 워싱턴 행진의 체계를 세웠던 베이어드 러스틴(Bayard Rustin)과 클리블랜드 로빈슨(Cleveland Robinson).

500,000

알렉산드리아 도서관의 장서

문화적 약탈과 파손행위로 파괴되기 전까지 역사상 가장 규모가 큰 이집트의 전설적인 도서관 알렉산드리아에는 아리스토텔레스의 전집을 필두로 고대 세계에 관한 모든 지식이 담긴 50만 권의 장서가 소장되어 있었다고 한다. 군이 비교하자면 그 다음으로 큰 고대 도서관이자 알렉산드리아와 경쟁관계였던 페르가몬 도서관에는 20만 권의 장서가 구비되어 있었고, 로마에는 2만 권 이상의 장서를 보유한 도서관이 없었다고 한다.

프톨레마이오스 2세에 의해 설립된 도서관은 애서가 프톨레마이오스 3세의 통치 기간에 급격하게 방대해졌다고 한다. 그는 알렉산드리아에 입항한 모든 배를 뒤져 복사할 책을 찾아냈고 아테네에서는 보증금까지 내며 모든 소장품을 빌려 복사했지만 원본을 돌려주기보다 거금을 지불하는 쪽을 선호했다고 한다. 후일 안토니우스^{Mark Antony}가 클레오파트라^{Cleopatra}에게 선물하여 페르가몬 도서관 전체가 알렉산드리아로 이관되었다는 설도 있다.

누가 도서관을 파괴했는가?

알렉산드리아 도서관의 거대한 규모는 근거 없는 전설로 보여지며 그 내용도 뒤죽박죽이어서 종종 오해를 불러일으켰을 것이다. 무엇보다 알렉산드리아에는 하나 이상의 도서관이 있었다. 그 당시 도서관은 일반적으로 신전에 위치한 왕립 도서관을 뜻했다. 이 '딸' 도서관 세라페움^{Serapeum}은 '부모'보다 오래 살아남았던 것 같다. 이 도서관들의 운명은 커다란 미스터리로 남아 있다. 일반적으로 이 도서관들을 파괴시켰다는 누명을 쓴 인물들로는 기원전 48~47년에 알렉산드리아의 일부를 불태운 줄리어스 시저^{Julius Caesar}, 391년 이교도의 신전을 파괴하도록 기독교근본주의자 폭도들을 선동한 총대주교 테오필루스^{Theophilus}, 640년 도시

▲ 391년 근본주의자 폭도들이 도서관을 불태우는 장면을 재구성한 상상화.

를 점령한 후 코란을 부정하는 것들은 이단이지만 동의한 것들은 필요치 않다며 도서관에 있는 모든 문서를 불태우라고 명령한 것으로 추정되는 이슬람 칼리프 오마르 등이 있다.

　사실 이 전설들이 진실이라는 증거는 없다. 대부분의 도서관은 로마 시대 내내 알렉산드리아를 괴롭혀왔던 격변 속에서 축소되거나 파괴되었다. 알렉산드리아 도서관이 50만 권을 소장했었다는 주장 또한 판타지에 가깝다. 역사가 제임스 한남^{James Hannam}은 두루마리로 된 50만 권의 장서를 보관하기 위해서는 40km 정도의 선반이 필요하다고 계산했는데 그런 엄청난 흔적은 발견되지 않았다. 고고학적으로 발견된 고대 도서관의 증거들은 로마 역사상 가장 훌륭했던 트라야누스 도서관에 약 2만 권의 책이 있었고, 페르가몬 도서관에는 3만 권밖에 없었다는 것을 증명한다. 알렉산드리아 도서관의 수집품에 관한 몇 안 되는 증거 중 하나가 사서 칼리마코스^{Callimachus}가 저술한 자세한 도서 목록이 담긴 색인 피나케스이다. 120여 권으로 구성된 피나케스에는 약 100만 개의 단어가 쓰였는데, 이는 5만 권 이상의 광범위한 정보를 기록할 수 없었다는 뜻이다.

500,000

연간 조세제도의 규모(종이)

7세기에서 8세기 사이에 당나라는 세계에서 가장 크고 문물이 발달되었으며 인기 있는 나라였다. 당나라에 관한 모든 것이 최고였다. 세계에서 가장 큰 도시였던 장안(오늘날의 시안)에는 100만 명이 넘는 인구가 거주했다.

수나라의 이연 장군은 618년 수나라가 붕괴한 후 당나라를 세웠고 624년에 중국의 질서를 확립했다. 하지만 고조 황제가 된 이연은 중국문화와 군사적 성과, 경제적 황금기를 연 아들 태종(626~649년 통치)에게 곧 축출되었다. 태종의 업적 중에는 중앙집권화를 강화시키는 수나라의 문관시험제도 도입과 관료주의 조직의 대대적인 확장 등이 포함된다. 733년경 당나라에 고용된 관료가 1만 7,680명에 이를 정도였다.

이 관료주의 혁명이 가능했던 결정적인 요인이 바로 제조기술의 발전 때문이다. 예를 들어 조세제도에는 30×46cm 크기의 종이가 연간 50만 장 이상 필요했는데, 이것은 6만 9,500㎡에 해당되며 축구장 9개를 덮기에 충분한 양이었다. 이 풍부한 종이 덕분에 시문화가 발달할 수 있었고 바로 이 점이 당나라가 최고로 꼽히는 이유일 것이다. 당나라에는 2,000명의 시인이 활동했고 그들이 남긴 작품의 수만 해도 약 5만 수에 이른다.

▲ 가장 위대한 중국 황제로 평가받는 당 태종 이세민.

640,000

나폴레옹이 러시아에서 잃은 대군의 수

1810년 12월 러시아의 차르는 더 이상 프랑스와 연합하지 않을 것이며 나폴레옹이 영국을 경제적으로 압박하기 위해 시도한 대륙봉쇄령을 준수하지 않겠다고 선언했다. 나폴레옹은 짜르를 굴복시키기 위해서 유럽 제국 곳곳에서 병력을 소환해 군사작전을 계획했다. 프랑스, 벨기에, 네덜란드, 독일, 이탈리아, 프러시아, 오스트리아, 덴마크, 스페인, 포르투갈, 스위스, 바르샤바 대공국에서 군인과 물자가 쏟아져 들어왔다. 1812년 나폴레옹은 총 40~70만 명 정도의 군인, 25만 마리의 말, 2,000문의 기관포 등 경이로운 규모의 대군을 집합시켰다.

러시아로 짧은 보행

이렇게 엄청난 대군의 식량보급 계획은 극단적이었다. 러시아의 지리적 특성상 오로지 1500대의 화차와 50대의 복마에 의지해야 했기 때문이다. 나폴레옹은 평소 그의 전략대로 전개되기를 바랐다. 즉 적군과 결전을 벌여 격멸하고 통치자에게 화평을 강요하는 방식이었다. 그래서 러시아로 너무 깊이 진군하고 싶지 않았지만, 그래도 병사들이 꿋꿋하게 견뎌내기를 바랐다. "군인이 가져야 할 첫 번째 덕목은 피로와 궁핍함 속에서도 잃지 않는 불굴의 용기다." 그는 다시 언급했다. "곤경과 빈곤, 그리고 결핍은 군인에게 가장 좋은 가르침이다." 그의 대군은 곧 이 혹독한 가르침을 몸으로 배우게 되었다.

6월 24일 네멘 강을 건널 당시 나폴레옹 대군의 병사들은 의기양양했고 아름다운 제복을 입고 있었다. 하지만 12월 14일 네멘 강을 다시 건너온 병사는 1만 명도 채 되지 않았고 누더기를 입고 있었으며 굶주림과 저체온증으로 사망 직전 상태였다. 64만 명에 이르는 병사들을 6개월도 못되어 잃은 것이다. 도대체 그들에게 무슨 변고가 생긴 것일까?

수많은 시련

러시아군은 나폴레옹에게 처음으로 무능함을 넘어 완벽한 좌절감을 안겨주었다. 방어선을 구축하지 못한 러시아군은 나폴레옹이 갈망하던 결전을 허용하지 않고 너무 쉽게 퇴각했다. 그리고 9월 6일 모스크바 인근 보르디노에서 러시아군은 역사상 가장 피비린내 나는 전투를 치렀다. 러시아군은 나폴레옹에게 피루스의 승리를 남기고 철수했다. 며칠 후 불에 타 버려진 것을 알고 입성한 모스크바는 잿더미였던 것이다. 차르는 화평 요청을 완고하게 거부했고 러시아에서 나폴레옹의 입장은 날이 갈수록 좋지 않았다. 특히 겨울이 시작되자 상황은 더욱 악화되었다. 결국 퇴각하는 그들에게 낯익은 퇴각로는 추위와 배고픔, 토사크 기병과 러시아 소작농들의 잔인한 괴롭힘 때문에 지독한 악몽으로 변해 있었다.

역사상 가장 유명한 인포그래픽 중 하나가 샤를 조셉 미나르 Charles Joseph Minard가 나폴레옹 대군의 병력이 끔찍하게 줄어든 것을 생생하게 묘사한 그래프이다. 러시아로 진입하는 대군에 해당하는 빨간색 굵은 선과 처음 위치로 귀환하는 동안 지속적으로 얇아지는 검은 선이 그려진 이 그림을 가리켜 '한 나라를 울린 지도'라고들 한다.

▼ 화재로 폐허가 된 모스크바를 살펴보는 나폴레옹. 1841년 아담 알브레히트(Albrecht Adam)의 작품.

154

100만

마르코 폴로의 거짓말

1299년경에 집필된 극동 지역과 쿠빌라이 칸의 궁정에서 겪은 모험에 대한 마르코 폴로Marco Polo의 여행설명서는 동방견문록-《100만》으로 널리 알려졌다. 그의 이야기가 '100만 개의 거짓말'로 이루어졌다는 의혹이 제기되면서 마르코 폴로의 놀라운 이야기에 대한 의심이 널리 확산되었지만 그의 엄청난 재산을 추측할 수 있는 자료가 되기도 한다. 그는 자신의 모험이 평가절하되었다고 주장하면서, "나는 아직 내가 본 것의 절반도 이야기하지 못했다."라며 한탄했다고 한다. 불어로 쓰인 초기의 제목은 《세계의 서술Le Divisement dou Monde》이었다.

이 책은 제노바의 감옥에서 쓰였다. 1298년 베네치아 전쟁 당시 사령관으로 참가한 그는 쿠르촐라 전투에서 제노바의 포로로 잡혔고, 이때 마르코 폴로와 함께 갇혔던 로맨스 작가 루스티켈로가 모험담을 기록하도록 설득했다. 마르코 폴로는 10대 때 아버지와 삼촌을 따라 실크로드를 통해 캐세이(중국 거란)로 여행했는데 그곳의 황제 쿠빌라이 칸이 그에게 관심을 보였다. 그는 바닷길을 통해 집으로 돌아오기 전까지 한 도시의 관리로 일했고 수세기 동안 다른 유럽인들은 방문한 적이 없었던 수많은 나라를 여행했으며 떠난 지 24년 만에 동남아시아와 인도양을 경유해 베니스로 돌아왔다고 주장했다.

마르코 폴로의 이야기는 훗날 유럽 탐험가와 몽상가들에게 영감을 불러일으켰다. 아프리카를 돌아 인도로 향하는 원정을 후원했던 포르투갈의 엔히크 왕자는 그의 팬이었으며 크리스토퍼 콜럼버스는 책의 라틴어 판본을 소유했다.

100만

대구역 건설에 쓰인 벽돌

그레이트 짐바브웨는 아프리카 사하라 사막 이남의 가장 큰 유적지로 12세기에서 15세기경에 번성했던 쇼나족이 건설한 음웨네무타파 제국의 전성기 시절의 잔재가 보존되어 있다. 이 유적지에서 가장 인상적인 구조물이 곳곳에 둘레 244m에 10m 높이의 거대한 벽으로 둘러싸여 거대한 타원형 공간을 이루고 있는 대★구역Great Enclosure이다. 두 겹의 화강암 벽돌 백만여 개를 쌓아 만든 대구역은 아마도 세상에서 가장 이상한 돌담일 것이다.

음웨네무타파 제국은 상아, 철, 특히 금을 생산하고 동아프리카 해안의 아랍상인 아프리카 내륙 간의 무역망을 지배한 덕분에 12세기부터 부를 이루었다. 그레이트 짐바브웨에서 중국 비단과 자기, 페르시아 도자기, 인도 비즈 등의 상품이 발견되면서 무역망의 범위가 어느 정도였는지 알 수 있다. 막대한 부는 음웨네무타파의 왕 또는 맘보를 통해 흘러들어가 그레이트 짐바브웨의 인구를 번영시키는 데 일조했다.

여왕의 집

대구역이 건설된 목적은 여전히 불분명하지만 쇼나족 명칭인 임바 후루를 해석하면 '여왕의 집'이라는 뜻이다. 여기에는 그레이트 짐바브웨를 방문한 최초의 유럽인의 인종차별주의적인 태도가 반영되어 있다. 이 유럽인이 바로 그레이트 짐바브웨가 성경에 등장하는 시바 여왕이 살았던 잃어버린 도시 오피르라는 설득력 없는 이론으로 발전시킨 장본인이다. 이와 유사한 이론들이 식민지 로디지아의 인종차별주의적 이데올로기의 일부가 되었다.

100만

아일랜드 대기근으로 사망한 사람들

1845~1849년 아일랜드를 덮친 대기근 당시 질병과 굶주림으로 100만여 명이 사망하고 100만여 명이 이민을 떠났다. 아일랜드 인구수는 약 800만 명에서 600만 명으로 초토화되었고 그 후로 100여 년간 이민이 계속되어 결코 대기근 전으로 회복되지 못했다.

감자잎마름병

대기근은 감자역병균에 의해 발발한 감자잎마름병 때문에 흔히 감자기근이라고도 알려졌다. 감자를 수확하지 못했다는 이유에서였다. 1845년경 아일랜드에서 가장 중요한 작물이던 감자는 8,090 km²가 넘는 땅에서 키웠고, 300만 명 이상의 아일랜드인들이 온전히 감자에 생명을 의지하고 있었다. 사람들은 하루에 7kg 이상의 감자를 먹었고 세 끼 모두 감자로 때울 때도 있었다. 또 아일랜드 농부들의 단백질원이자 주 수입원이었던 돼지의 사료도 감자였다.

1845년 가을에 잎마름병이 그들을 찾아왔을 때는 감자가 땅속에서 썩어 수확할 수 없었다. 1846년에 잎마름병이 다시 그들을 덮쳤고 1847년에는 감자를 캐내기는 했지만 작물을 얻을 수 있을 만큼의 씨감자로는 충분하지 않았으며, 질병은 1848년과 1849년에 다시 그들을 찾아왔다. 감자가 제공하는 풍부한 비타민 C를 공급받지 못한 사람들은 괴혈병, 소모증, 콰시오르코르(단백질 결핍성 영양실조) 등에 걸려 고통받았다. 비타민 A 결핍증으로 안구건조증이 만연했고 구빈원(救貧院)에는 시력을 상실한 아이들이 넘쳤다. 도시로 모여든 굶주린 아이들을 구빈

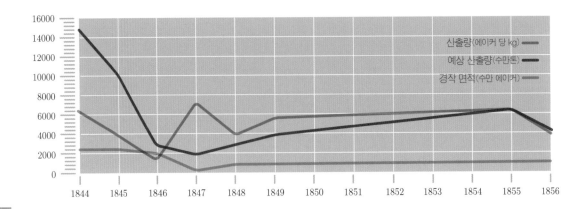

원에 감금하자 발진티푸스나 그 밖의 전염병이 창궐했다. 공동묘지, 기아 행진, 매장되지 못한 시체 등 성경에 등장하는 공포스러운 장면이 난무했다.

▲ 1844년에서 1845년 사이에 아일랜드에 감자 수확량의 규모가 재앙수준으로 감소한 것을 나타내는 그래프. 차후 인구감소로 감자 재배 면적은 반으로 줄어들었다.

빈곤의 대가를 치르다

그 당시 아일랜드는 지구상에서 가장 부유한 나라인 대영제국의 일부였는데 영국 정부의 대응은 절망적일 정도로 부적절했다. 1847년 늦은 봄이 되어서야 재난의 규모를 파악한 정부가 무료급식소를 열었지만 '아일랜드의 재산으로 아일랜드의 빈곤을 해결한다'라는 새로운 법률이 도입되면서 곧 문을 닫았다. 결국 기근의 피폐함을 근절시키는 데 실패했고, 땅에 대한 애정이 식어버린 수백만 인구가 아일랜드를 등지는 대대적인 이주의 물결을 일으켰다. 많은 지주들은 부리던 소작농들이 영국과 미국으로 이주하는 대가를 치렀다.

대기근의 결과 중 하나가 영국의 통치에 대한 아일랜드의 여론이 걷잡을 수 없이 나빠지기 시작했다는 것이다. 자유방임주의의 냉담한 신념을 자랑하던 무정한 영국은 비난을 받았고 애국주의자이자 작가인 존 미첼John Mitchel은 다음과 같은 유명한 말을 남겼다. "전능하신 신께서 감자잎마름병을 보내셨지만 영국은 기근을 낳았다." 기근이 가라앉은 후 아일랜드의 생활수준과 실질임금은 향상됐지만 인구는 계속해서 빠져 나갔고 대기근의 정신적인 상처는 치유되지 않았다.

600만

홀로코스트에 희생된 유대인들

홀로코스트는 나치에 의해 유럽에 거주하는 유대인들이 당한 조직적인 학살에 붙여진 하나의 이름으로 그들은 그것을 '최종적 해결 the Final Solution'이라고 표현했다. 엄밀히 따지면 최종적 해결은 1941년 말부터 시행되었지만 유대인 협회는 히틀러가 독일에서 정권을 잡은 1933년부터 시작된 것으로 기산한다. 나치는 유대인을 독일 국민을 오염시키는 종족이자 외국인 체류자로 간주하고 척결해야 할 문제라고 표현했다. 그래서 그들은 독일 나치가 더 많은 영토를 차지하고 더 많은 유대인들을 지배할 수 있도록 발전시킨 일련의 '해결' 작전을 계획했다.

이민 해결

1933년 독일 내 유대인은 50만 명 정도였다. 하지만 1935년에 조부모 중 한사람이라도 유대인이면 유대인으로 정의내리는 뉘른베르크법이 제정되면서 그 수가 급증했다. 첫 번째 해결책은 유대인들을 전원, 촌락, 소도시에서 더 큰 도시와 대도시로 이주시키는 것이었다. 두 번째 해결책인 이민은 처음에 나치가 가장 선호한 방법이었다.

1938년경 독일유대인의 절반 이상이 주로 미국, 아르헨티나, 영국, 팔레스타인뿐만 아니라 프랑스, 폴란드 외에 유럽의 다른 지역으로 이민을 갔다. 이 시기에 독일에는 강제수용소가 설립되었는데 주로 정치범을 수감하려는 목적이었다.

1938년 오스트리아와 체코슬로바키아 일부가 합병된 이후로 또 다른 25만 명의 유대인들이 나치의 지배를 받게 되었다. 하지만 크리스탈 나흐트 습격(93쪽 참조) 이후로도 이민은 체제가 구상한 주요 해결책으로 남아 있었다. 하지만 이 즈음 대부분의 도착국가들이 유대인의 이민을 제한하기 시작했고, 1939년 9월에 독일이 폴란드를 침공한 이후 이민 가능성은 더욱 급감했다. 전쟁이 발발하자 영국이 해상을 봉쇄하고 독일 영토를 통한 민간인 수송을 제한하면서 이민은 현실적으로 더욱 불가능해져 나치 지배하의 유대인 수는 150만 명이 더 증가했다.

폴란드에서는 유대인들을 몇몇 게토로 집중화시키는 세 번째 해결책이 전개되었다. 의도적으로 인구과밀에 물자부족 상태로 만든 이 게토는 강제노동을 공급받으면서 유대 인구를 서서히 말살시키는 이중효과가 있었다. 1941년 4월에 바르샤바 게토에 강제격리된 유대인들은 6월부터 굶주림과 질병으로 한 달에 2,000명꼴로 죽어갔다. 1940~1941년 사이 독일 침략자들은 점령지였던 노르웨이(1,400명), 덴마크(5,600명), 프랑스(28만 3,000명), 네덜란드(12만 6,000명), 룩셈부르크(1,700명), 벨기에(6만 4,000명), 그리스(7만 7,000명) 등에서 유대인들을 끌고 왔다.

'최종적 해결'

끔찍한 네 번째 해결은 1941년 6월 소련의 침략과 함께 시행되었다. 진격부대의 뒤를 따라온 특별행동부대 아인자츠그루펜이 지역의 유대인을 즉각적으로 제거하는 임무를 맡았다. 지역 보안부대와 불법 무장단체의 도움을 받은 루마니아군대가 총기난사, 화재, 폭력, 가스 등으로 약 100만 명에 가까운 유대인을 살해했다. 한편 다섯 번째이자 최종적 해결이 진행되고 있었다. 외진 수용소로 집단 추방된 유대인들은 특별 화물차나 샤워실로 위장된 가스실에서 가스중독으로 사망했다.

'최종적 해결'은 1941년 12월부터 헤움노, 소비보, 트레블린카, 베우제츠 등 4차 죽음의 수용소에서 시작되었고, 아우슈비츠에 현존하는 강제수용소로 배속된 5차 수용소 비르케나우는 1942년 3월에 문을 열었다. 유대인들은 '재정착'이라는 구실로 독일 점령지인 폴란드까지 유

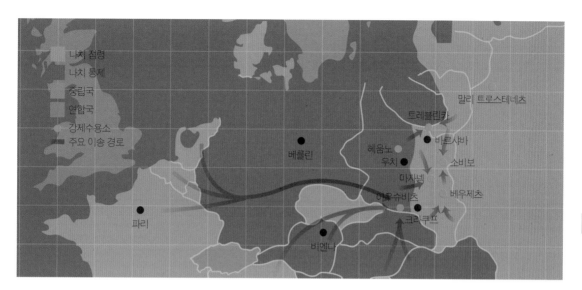

▲ 최종적 해결이 시행되는 동안 나치가 점령한 전 유럽에서 이송된 유대인들의 경로와 목적지를 나타내는 지도.

럽 곳곳에서 기차에 실려 왔다. 승객들은 도착 즉시 거의 살해당했고, 비르케나우에 도착한 승객들의 절반 정도는 강제노동에 끌려갔는데, 이들도 대부분 죽었을 것이다. 비르케나우에 수감된 250만 명이 넘는 유대인 중 25만 명이 그곳에서 살해당했다.

1944년 9월부터 소련군이 육박하자 독일군은 아우슈비츠-비르케나우에서 철수하기 시작했다. 이때까지 살아 있던 대부분의 수감자들은 다음 죽음의 행렬에서 비명횡사했으며, 생존자들은 강제노동수용소에서 죽을 때까지 혹사당하거나 베르겐-벤젠, 다하우 같은 정치범이나 죄수들을 수감한 강제수용소로 분산되어 고문을 당하거나 굶어죽었다. 영국군과 미군을 통해서 세계는 비로소 수용소에서 자행된 최종적 해결의 만행과 공포를 목도했다.

150만 명의 어린이들을 비롯해 약 600만 명의 유대인들이 홀로코스트로 사망했다. 세계 유대인구의 1/3이자 유럽 유대인구의 2/3를 쓸어버린 것이다. 수용소와 죽음의 행렬에서 살아남은 유대인은 30만 명에 불과했고, 1,000년 이상 유럽의 구성요소였던 1만여 개의 유대사회가 파괴되었다.

1250만

신세계로 팔려간 아프리카인들

　대서양을 가로지른 노예무역은 역사상 최장거리의 인간 강제이동이었다. 범대서양 노예무역의 데이터베이스에 의하면 1525년에서 1867년 사이에 1250만 명의 아프리카인들이 배에 실려 대서양을 횡단했고 그중 1070만 명만이 중간항로에서 살아남았다고 한다. 북아메리카에 팔린 노예의 수는 약 45만 명에 그친 반면 브라질은 486만 명의 아프리카 노예를 사들이는 등 대부분 남아메리카와 카리브 해로 팔려갔다.

시장 내 격차

　노예무역이 추진된 주요 요인은 신세계에 노동력이 필요했기 때문이다. 유럽의 식민지 개척자들은 자신들이 유입시킨 치명적인 전염병 덕분에 신세계를 온전히 지배할 수 있었고, 열대작물(주로 사탕수수였고 담배도 있었다. 나중에는 목화를 재배했다)과 귀금속을 얻을 수 있었는데, 이것을 착취하기 위해서는 막대한 노동인구가 필요했다. 하지만 그들이 퍼뜨린 전염병은 토착민을 거의 완전히 쓸어버렸고, 유럽 이민자들은 수가 너무 적은데다 작물재배에 수반되는 고된 노동은 하고 싶어 하지 않았다. 북서유럽에서 노예는 오래전에 사라졌지만 16세기 유럽인들의 세계관에 아프리카인들은 노예로 부리기에 적합하다는 인식이 있었다. 반면 아프리카에는 아프리카인들을 다른 먼 종족에게 노예로 파는 행위를 막아야 한다는 범아프리카 정체성에 관한 인식이

▼ 1780년경 중간항로를 건너는 노예선. 화물 종류는 선체 아래쪽에 있는 작은 환기 창구를 통해 인도되었다.

존재하지 않았다.

방대한 노예무역은 유럽 식민지주민들이 남긴 시장 내 격차를 메웠다. 1820년까지 대서양을 횡단해 신대륙으로 건너간 유럽 이주민 한 명당 네 명의 아프리카인들을 이동시켰다. 노예 중 2/3 이상은 사탕수수 농장으로 팔려갔다. 대서양 해류는 아프리카의 어떤 지역에서 잡힌 노예가 신대륙의 어느 지역으로 끌려갈지 운명을 결정지었다. 북대서양에서 시계방향 해류는 영국 노예상이 북아메리카와 카리브 해로 끌고 간 대부분의 노예가 일부 앙고라 등지를 제외하고 대부분 서아프리카(비아프라, 베냉, 골드코스트 만 등)에서 잡혔다는 것을 의미했다. 적도 남쪽의 시계 반대방향 해류는 대부분의 노예를 앙고라에서 포획했지만 일부는 아프리카 남동부와 베냉에서 포획하여 포르투갈–브라질 간에 독점적인 노예무역을 가능하게 했다.

중간항로

중간항로라고 알려진 대서양 횡단의 여정은 노예들에게 공포 그 자체였다. 발가벗고 쇠사슬에 묶인 노예들은 갑판 밑 선창에 빽빽하게 채워져 평균 두 달 정도를 가야 했다. 노예선마다 1/4 정도는 어린아이들이었으며 중간항로를 이동하는 노예들의 사망률은 약 14%에 이르렀다.

유럽과 아메리카에서 노예폐지 운동은 결국 노예무역을 불법화시키는 결과를 초래했고 영국은 그들의 해군이 모든 나라의 배를 세우고 수색할 수 있도록 하는 일련의 조약들을 성사시켰다. 그러나 노예무역은 쿠바와 브라질이 조치를 취하기 시작한 1840년대에서 1850년대에 이르러서야 실질적으로 근절되기 시작했다. 노예선이 불법적으로 끌고 온 노예들은 1840년대에 연평균 5만 명에서 1860년대에는 8,000명으로 감소했다. 대서양 횡단 노예 원정대가 마지막으로 카리브 해에 도착한 것은 1867년이었다.

▲ 남자와 여자, 어린이들이 억울하게 노예로 끌려가고 있다.

1641만 30

검은 화요일에 거래된 주식수

1929년에 엄청난 폭락을 기록한 월가 대폭락이 있었다. 증권투기의 거품이 뉴욕증권거래소에서 주가를 수직 낙하시킨 것이다.

주가는 1920년대에 들어 두 배가 되었고, 1927년에는 담보가치가 37% 이상 증가했으며 1928년에는 43%를 넘어섰다. 증권 투기는 국민 오락이 되어 호텔과 골프대회에서 중개사무소가 열릴 정도였다. 훗날 케네디 가의 원로 조지프 케네디Joseph Kennedy는 1928년 구두닦이 소년 이 나눠준 팁을 들은 후에 주식을 판 것이라고 주장했다. 1929년 9월 3일 다우존스 산업평균지수the Dow Jones Industrial Average는 최고 381.17을 기록했는데, 이 기록은 약 25년 동안 깨지지 않았다. 그리고 이틀 후 유례 없는 일련의 첫 번째 대폭락이 일어났다.

1929년 10월 29일 검은 화요일에 뉴욕증권거래소가 영업을 시작한 지 30분 만에 300만 주가 매도되었고 그날 마감시간까지 총 1641만 30주가 매도되었다. 1929년 10월 동안 뉴욕증권거래소에서는 미국 정부가 제1차 세계대전에서 사용한 비용보다 더 큰 금액인 500억 달러가 증발했다. 1929년 9월에서 1932년 사이에 뉴욕증권거래소의 주가는 900억 달러에서 160억 달러로 떨어졌고, 다우존스지수도 89%나 하락했다.

월가 대폭락이 그 뒤에 이어진 대공황을 일으킨 것은 아니었지만 원인을 제공했다. 미국 경제는 제2차 세계대전 때까지도 회복되지 못했다. 대공황이 진행되는 동안 실제 국민총생산GNP은 30%, 물가는 23%가 떨어졌으며 실업률은 24%를 웃돌았다.

3000만

1720년 영국의 부채(파운드)

1720년 영국의 국채 3000만 파운드가 설립과정에서 부패와 결탁한 영국남해회사에 인수되었다. 거래 조건 중 한 가지는 프랑스와 진행 중이던 전쟁을 위해 정부에 선불로 700만 파운드의 자금을 대여해주는 것이었다. 대신 남해회사에 남미 무역독점권을 내준다는 내용의 남해 법안이 의회에 통과되었다. 회사는 1727년까지 정부에서 5%의 연이율을 받고 그 이후에는 4%를 받는 조건으로 국가부채를 인수했다.

놀랍도록 남해회사에 유리했던 이 거래는 역대 최대 거품투기 중 하나인 남해회사 버블을 야기했다. 회사의 주가는 1720년 1월에 128파운드에서 8월에는 1,000파운드까지 급등했다. 투자수요는 도가 지나쳐서 갈수록 터무니없는 운영계획에 즉각적인 지원이 마련되었을 만큼 투기광란이 조장되었다.

▼ 버블 기간 동안 '큰 이익을 얻기 위해 무슨 사업에 착수했는지 아무도 모르는' 기업이 어찌된 영문인지 2,000파운드의 투자금을 확보했다.

하지만 8월에 버블이 무너지자 빈부에 상관없이 투기꾼들은 몰락했고 엄청난 규모의 부도덕함이 드러났다. 긴밀한 관계였던 조지 1세를 비롯해 462명의 하원과 112명의 귀족들이 남해회사의 주식을 보유하고 있었던 것이다.

7800만

네덜란드 동인도 회사의 시총(길더)

1637년 네덜란드 동인도회사의 시가총액은 네덜란드 화폐 단위로 7800만 길더였다. 이는 2012년 현재 미화 7조 4000억 달러에 해당하는 금액으로 네덜란드 동인도회사는 역사상 가장 비싼 회사가 되었다.

네덜란드에서는 Verenigde Oostindische Compagnie(VOC)로 알려진 네덜란드 동인도 회사는 세계 최초의 기업공개[IPO]를 통해 1602년에 설립되었다. 네덜란드 상인들이 먼 동쪽까지 착수한 이동비용이 갈수록 높아지자 자금을 지원하기 위해서 구성된 것이다.

스페인과 전쟁을 치른 결과 네덜란드 주는 제해권을 거머쥘 수 있었고 그들의 무역왕국이 미치는 범위는 매우 넓어졌다. 네덜란드 동인도 회사는 향신료무역을 독차지하기 위해 동인도로 향하는 길고도 위험한 여행을 위해 배를 의장했다. 17세기 말까지 이들은 넛맥, 육두구, 정향 등 향신료 시장뿐만 아니라 차, 커피, 아편 등 수익성이 좋은 모든 상품들을 독점했고, 결국 섬유와 직물 무역으로 시장이 이동했다. 2세기가 넘도록 네덜란드 동인도 회사는 백만 명이 넘는 사람들을 실어 나른 1,500척의 배를 건조했다. 가령 1669년에는 150척의 무역선박, 40척의 군함, 복무 중인 1만 명의 군인들을 실어 날랐다.

네덜란드 동인도 회사의 항해는 10,000%나 되는 수익을 가져왔지만 튤립파동 버블 과정에서 가장 높은 시가총액을 기록했다. 버블이 진정된 이후 네덜란드 동인도 회사는 수년 동안 주주에게 연간 18%의 배당금을 지불함으로써 훌륭한 투자였음을 입증했다. 하지만 결국 부패와 타락, 빚에 빠지게 되었고, 수차례 베일아웃을 반복한 끝에 1798년 네덜란드 정부에 의해 사업을 접을 수밖에 없었다.

3억 5000만

엘리자베스 2세의 대관식을 지켜본 사람들(명)

1953년 6월 2일 거행된 엘리자베스 2세^{Elizabeth II}의 대관식은 당대 최대의 미디어 행사 중 하나였다. 영국에서는 대관식이 텔레비전으로 방영된다는 사실 때문에 텔레비전 소유 붐이 지속되는 현상이 나타난 한편 행사를 촬영한 필름은 세계적으로 수출되었고 텔레비전과 뉴스영화에 상영되면서 여왕을 세상에서 가장 유명한 여성인 동시에 역사상 가장 많은 사진이 찍힌 사람으로 만들었다.

수상 윈스턴 처칠^{Winston Churchill}의 적극적인 지지로 정부의 대관식 준비는 호화롭게 진행되었다. 영국에서는 대관식을 2차 대전 이후 내핍상태에서 벗어날 수 있는 기회로 여겼다. 예를 들어 처칠은 아이들에게 사탕을 나눠주는 이벤트를 그 전날 다 끝내라는 지시를 내렸다.

대관식 당일은 비가 내리고 우중충했다. 하지만 수많은 관중들이 행진을 지켜보기 위해 모였고 더 많은 사람들이 먼 지방과 해외에서 텔레비전과 영화로 지켜보았을 것이다. 기념식은 라디오와 텔레비전을 통해 전 세계 44개 언어로 생방송되었고 6월 2일 세계 인구의 1/4이 대관식을 축하하기 위해 휴가를 얻었다. 행사가 끝난 후 여왕과 1만 6,000명의 인파가 웨스트민스터 사원에서 버킹검 궁전으로 돌아왔다. 대관식 직후 예식 필름은 캐나다로 향하는 비행기에 실렸고 예식이 끝난 지 4시간 만에 그곳에 방송되었다. 영국에서 텔레비전으로 방송된 대관식을 본 시청자의 수는 2700만(인구 절반) 명이었으며 전 세계 시청자 수는 3억 5000만 명에 이르렀다.

▲ 여왕과 에든버러 공작 필립의 대관식 장면.

2000억

제1차 세계대전에 쓰인 비용(달러)

　제1차 세계대전은 흘린 피뿐만 아니라 비용 역시 천문학적으로 소요된 전쟁이었다. 모든 참전국이 사용한 비용을 전부 합치면 2000억 달러를 훨씬 넘어섰다. 이 돈은 어디에서 온 것일까? 충분한 돈이 없는 정부는 그것을 빌려야 했고, 연합국에게는 그 자금을 미국에서 빌릴 수 있는 혜택이 있었다. 1916년 연방준비제도이사회는 "미국은 빠른 속도로 전 세계에서 외국을 상대로 한 가장 큰 은행이 되었다."라고 언급했다. 제1차 세계대전 동안 J. P.모건이 단독으로 영국과 프랑스에 15억 달러의 차관을 인수하는 데 앞장선 가운데, 1,500여 개의 미국 은행이 채권판매와 대출알선 활동을 했다. 제1차 세계대전 동안 미국 정부는 연합국에 120억 달러에 달하는 금액을 대출했다. 1918년에 영국은 8억 파운드, 프랑스는 6억 파운드(당시 환율로 1파운드는 2.5달러에 해당)의 빚을 미국에 졌을 것이다. 동시에 자유차관 프로그램을 통해 180억 달러의 자금을 형성하고 전쟁 전체에 360억 달러를 쓰면서 미국 정부 역시 전쟁물자에 필요한 자금을 마련하기 위해서 돈을 빌려야 했다.

　전쟁이 종료되자 국가부채는 기하급수적으로 늘어 있었다. 1914년 6억 5000만 파운드였던 영국의 국가부채는 1918년 20억 파운드, 1923년에는 66억 5700만 파운드가 되었다. 미국의 국가부채는 더 가파르게 치솟아 1914년 10억 달러에서 1919년 250억 달러가 되었다. 영국은 1차 대전 당시 진 빚을 갚기 위해 발행한 채권의 이자를 여전히 갚고 있다. 1965년 영국의 소득세 중 1%는 제1차 세계대전으로 미국에 진 빚을 상환하는 데 쓰였다.

4000억 달러

만사무사의 순자산(달러)

만사무사는 1312년에서 1337년까지 말리 제국을 다스린 통치자였다. 당시 말리 제국은 아프리카의 광대한 땅을 곧게 가로질러 니제르 중부에서 팀북투와 가오를 지나 북쪽으로는 사하라 사막과 동쪽으로는 하우살란드와 수단 서부까지 국경선을 확장시킨 나라였다. 전 세계에 공급하는 소금과 금의 절반 이상을 통제하는 이가 만사무사라고 생각했기 때문에 그의 제국은 거대한 무역 중심지로 자리 잡을 수 있었다.

만사무사가 1324년 메카 순례여행을 하면서 카이로에 가한 충격으로 유명해진 것은 알 우마리와 이븐 바투타 등 당대 이슬람 역사학자들의 기록 덕분이다. 이 여행에 그는 500명의 시종과 6만 명의 짐꾼, 1만 명의 군인을 데려간 것 외에도 20t의 금도 가져갔다. 목격자의 증언에 의하면 수행단에는 '80자루의 금가루, 3킨타르(8.5lb 또는 3.8kg)와 각각 500미스칼(6.5lb 또는 3kg)의 금붙이를 나르는 노예 500명'이 포함되었다고 한다.

너무 많은 금이 유입되자 이집트에서는 인플레이션이 횡행하고 통화가치가 하락하는 결과가 발생했다. 웹사이트 〈Celebrity Net Worth〉에 의하면 역사상 가장 부자였던 만사무사의 재산은 2013년의 금시세로 4000억 달러 가치에 해당한다고 한다.

▼ 1375년 카탈루냐 지도첩에 그려진 세부 묘사. 만사무사가 황금으로 된 막대한 부의 일부를 과시하고 있다.

참고도서

Beevor, A. D-Day: *The Battle for Normandy* London, 2009

Bowersock, G., P. Brown, and O. Grabar (Eds.) *Late Antiquity: A Guide to the Postclassical World* Cambridge, MA: Harvard University Pres, 1999

Calvocoressi, P. *World Politics Since 1945* London: Routledge, 2009

Carlisle, R. *Encyclopedia of Intelligence & Counterintelligence* London: Routledge, 2005

Chaffee, John *The Thorny Gates of Learning in Sung China: A Social History of Examinations* Albany: State University of New York Press, 1995

Cull, N., D. Culbert, and D. Welch *Propaganda and Mass Persuasion: A Historical Encyclopedia, 1500 to the Present* Santa Barbara, CA: ABC-CLIO, 2003

Davies, Martin *The Gutenberg Bible* London: British Library, ca. 1996

Diamond, Jared *Collapse* London: Allen Lane, 2005

Dunn, Richard S. *The Age of Religious Wars: 1559–1715* 2nd ed. New York: Norton, 1979

Fagan, Brian M. (Ed.) The *Oxford Companion to Archaeology* Oxford University Press, 1996

Foner, E., and J. Garraty (Eds.) *The Reader's Companion to American History* Boston, MA: Houghton Mifflin, 2014

Furay, Conal, and Michael J. Salevouris *The Methods and Skills of History* 4th edn. John Wiley & Sons, 2015

Herzog, Chaim *The Arab–Israeli Wars: War and Peace in the Middle East* Barnsley: Frontline Books, 2010

Israel, Jonathan *The Dutch Republic* Oxford: Clarendon Press, 1995

Jacobs, Els M. *In Pursuit of Pepper and Tea: The Story of the Dutch East India Company* Amsterdam: Walburg Pers, 1991

Kaufman, W., and H. Macpherson (Eds.) *Britain and the Americas: Culture, Politics, and History* Santa Barbara, CA: ABC-CLIO, 2005

Knight, P. (Ed.) *Conspiracy Theories in American History* Santa Barbara, CA: ABC-CLIO, 2003

Krieger, Joel (Ed.) *Oxford Companion to Politics of the World* [2nd edn.] Oxford University Press, 2001

Kurtz, L. (Ed.) *Encyclopedia of Violence, Peace and Conflict* Oxford: Elsevier Science & Technology, 2008

Levathes, Louise *When China Ruled the Seas: The Treasure Fleet of the Dragon Throne, 1405–1433* Oxford University Press, 1994

Levy, Joel *History's Worst Battles* London: New Burlington Books, 2012

Levy, Joel *Lost Cities* London: New Holland, 2008

Levy, Joel *Lost Histories* London: Vision, 2006

Mackenzie, J. (Ed.) *Cassell's Peoples, Nations and Cultures* London: Cassell, 2005

Markham, J. *A Financial History of the United States* London: Routledge, 2002

McGinn, Bernard *Encyclopedia of Apocalypticism, vol. 2* London: Continuum, 1998

Motyl, A. (Ed.) *Encyclopedia of nationalism: Leaders, movements, and concepts* Oxford, United Kingdom: Elsevier Science & Technology, 2001

Nolan, C. Greenwood *Encyclopedia of International Relations* Santa Barbara, CA: ABC-CLIO, 2002

Northrup, C. Clark (Ed.) *Encyclopedia of World Trade: From Ancient Times to the Present* London: Routledge, 2013

Parker, Geoffrey *The Thirty Years' War* London: Routledge & Kegan Paul, 1984

Parry, Dan *Moonshot: The Inside Story of Mankind's Greatest Adventure* London: Ebury Press, 2009

Phillips, J. *Holy Warriors: A Modern History of the Crusades* London: Bodley Head, 2009

Pocock, Tom *Battle for Empire: The Very First World War, 1756–63* London: M. O'Mara, 1998

Wade, Rex A. *The Russian Revolution, 1917* New York: Cambridge University Press, 2005

Waldron, Arthur *The Great Wall of China: From History to Myth* Cambridge: Cambridge University Press, 1990

Whyte, I. *A Dictionary of Environmental History* London: I. B. Tauris, 2013

Wills, Garry *Lincoln at Gettysburg: The Words that Remade America* New York: Simon & Schuster, 1992

Wright, Lawrence *The Looming Tower: Al-Qaeda and the Road to 9/11* New York, NY: Vintage, 2007

Ziegler, Philip *The Black Death* London: Collins, 1969

웹사이트

Council for British Archaeology
http://new.archaeologyuk.org/

Encyclopaedia Romana
http://penelope.uchicago.edu/~grout/encyclopaedia_romana/index.html

Eyewitness to History www.eyewitnesstohistory.com

History Net www.historynet.com

MacTutor History of Mathematics archive
www-history.mcs.st-and.ac.uk

NASA History Program http://history.nasa.gov/

Smithsonian Magazine www.smithsonianmag.com

The Domesday Book online
www.domesdaybook.co.uk

The Great War www.greatwar.co.uk

The Magna Carta Project
http://magnacarta.cmp.uea.ac.uk

The Trans-Atlantic Slave Trade Database
www.slavevoyages.org

Tolpuddle Martyrs Museum
www.tolpuddlemartyrs.org.uk

찾아보기

이미지 저작권